誰でもカンタン・こんなに通じる！

英会話
超ミニフレーズ
大特訓

決まり文句500

CD付

山崎　祐一
Yamasaki Yuichi

Jリサーチ出版

はじめに

● はじめての人も1語からスタートできる

　「英会話はどうすればできるようになるのですか」——これまで多くの人からこの質問を受けてきました。私はいつもこう答えています。「何でも基本が大切です。まず、簡単な短いフレーズから少しずつ無理なく覚えていきましょう。行き詰まったら基本に戻りましょう」。

　私たちは、算数の九九を知っていることで、2桁や3桁の応用的な掛け算ができます。**本書で紹介する超ミニフレーズは、「英会話の九九」のようなものです。本書で学んだ超ミニフレーズを基礎として、英会話の幅を広げていくことができるようになります。**少しずつ語数を増やしていけば、会話力も段階的に上達していきます。

　本書には1語から5語までの超ミニフレーズが500収録されています。英語ビギナーにぴったりですが、短いながらネイティブらしい表現も数多くあるので中級者にも役に立つ内容になっています。

● 日本語を見て、自分で英語を話してみよう

　実際にネイティブスピーカーの日常英会話の多くは、5語くらいまでの短い表現で行われています。長いと思われるフレーズも、短いフレーズをつないで長くしている場合が多いのです。

　本書は左ページに「日本語訳」、右ページに「英語フレーズ」を配して、日本語を見ながら、英語を話す練習ができる「大特訓」のスタイルで構成されています。クイズのように楽しく進めながら、英会話の九九となる短いフレーズを身につけることが目的です。

　日本語を見て、英語を話す練習をしていくと、「この日本語がこんな英語で言えるんだ!」とわかって、英語的な発想も自然に身につい

てきます。練習を繰り返して、瞬間的に英語が口から出てくるようにしましょう。

● 発音上手が会話上手につながる

　本書では、発音のコツをつかむ練習もできるようになっています。音のつながりや強弱がわかるように、全てのフレーズにカタカナで読み方を付け、強く発音するところは太字にしています。

　カタカナと言っても、例えば、Help yourself.（ご自由にお取りください）を［ヘルプ ユア セルフ］と表記しても、実際の英語の発音とは異なり、これでは相手に通じません。そこで、**本書ではHelp yourself. を［ヘォピョーセォフ］と、実際のネイティブの発音にかぎりなく近く表記しています**。CDの音声も聞きながら練習をすると、かなり自然な発音ができるようになります。

　発音がよくなると、聞き取りの力もついてきて、「話す」「聞く」で成り立つ英会話に自信がもてるようになるでしょう。

　本書の姉妹本には、『世界一やさしい　すぐに使える英会話　超ミニフレーズ300』（Jリサーチ出版）があります。こちらは1〜3語のフレーズを重点的にたくさん紹介したものです。もっと簡単なフレーズを覚えたいという人はこちらも参考にしてください。

　英会話に年齢は関係ありません。本書が、みなさんが英会話を始めるのに、また上達させるのに大いに役立つことを心より願っています。

山崎 祐一

CONTENTS

はじめに･･･2
超ミニフレーズを使いこなす3つの戦略･･･････････････8
超ミニフレーズ大特訓の練習法･････････････････････9
本書の利用法･････････････････････････････････････10

Chapter 1 超カンタン 1語フレーズ ･････････････ 13

✓**Cool!** いいね！
✓**Terrific!** ものすごくいいよ！
✓**Lovely!** 美しい！
✓**Positive.** 間違いないよ。
✓**Anytime.** いつでもどうぞ。
✓**Gross!** キモい！
✓**Sure.** いいですよ。
✓**Definitely.** もちろん。
✓**Yummy!** うまい！
✓**Really?** 本当ですか。
✓**Impossible!** そんなばかな！
✓**Gosh!** これはたいへん！

etc.

UNIT 1	ほめる ･････････ 14	UNIT 2	もっとほめる ･････ 16
UNIT 3	応答する ･････････ 18	UNIT 4	ポジティブな言葉･･･ 20
UNIT 5	ネガティブな言葉 ･･･ 22	UNIT 6	快く受ける ･･･････ 24
UNIT 7	感嘆する ･････････ 26	UNIT 8	びっくりする ･････ 28
UNIT 9	注意する・呼びかける･･･ 30	UNIT 10	確認する ･･････････ 32

●ミニフレーズ大活躍❶　アルファベットや数字だけのミニフレーズ ････････ 34

Chapter 2 超カンタン 2語フレーズ ･････････････ 35

✓**What's new?** 変わりはない？
✓**How's business?** お仕事はいかがですか。
✓**Let's see ...** ええと…
✓**No wonder.** どおりで。
✓**Good job!** よくできました！
✓**After you.** お先にどうぞ。
✓**Take care.** 気をつけて。
✓**Don't panic.** あわてるな。

etc.

UNIT 11	あいさつ	……… 36	**UNIT 12**	あいづち	……… 38
UNIT 13	ほめる	……… 40	**UNIT 14**	気づかう	……… 42
UNIT 15	行動を促す	……… 44	**UNIT 16**	注意する	……… 46
UNIT 17	ポジティブな言葉	… 48	**UNIT 18**	ネガティブな言葉	… 50
UNIT 19	応答する①	……… 52	**UNIT 20**	応答する②	……… 54
UNIT 21	ネガティブに答える	… 56	**UNIT 22**	あいまいに答える	… 58
UNIT 23	確認する	……… 60	**UNIT 24**	命令する・促す	… 62

●ミニフレーズ大活躍❷　学校では教えてくれないカジュアルイングリッシュ… 64

Chapter 3　超カンタン 3語フレーズ ………… 65

✓ **How're you doing?**
元気ですか。

✓ **Have a seat.**
お座りください。

✓ **Take it easy.**
無理するなよ。

✓ **What a relief!**
あ〜、ほっとした！

✓ **Same as usual.**
相変わらずです。

✓ **What a shame!**
何ともお気の毒です。

✓ **Let it go.**
放っておきなよ。

✓ **It's a deal!**
決まり！

etc.

UNIT 25	あいさつ①	……… 66	**UNIT 26**	あいさつ②	……… 68
UNIT 27	話しかける	……… 70	**UNIT 28**	気持ちをはっきりと	… 72
UNIT 29	気づかう	……… 74	**UNIT 30**	好ましい気持ち	… 76
UNIT 31	ポジティブな言葉①	… 78	**UNIT 32**	ポジティブな言葉②	… 80
UNIT 33	ネガティブな言葉①	… 82	**UNIT 34**	ネガティブな言葉②	… 84
UNIT 35	ほめる	……… 86	**UNIT 36**	気持ちを伝える	… 88
UNIT 37	体調について	…… 90	**UNIT 38**	ひと言付け足す①	… 92
UNIT 39	ひと言付け足す②	… 94	**UNIT 40**	たずねる	……… 96
UNIT 41	確認する	……… 98	**UNIT 42**	命令する・促す①	… 100
UNIT 43	命令する・促す②	… 102	**UNIT 44**	提案する	……… 104
UNIT 45	言いにくいことを言う①	… 106	**UNIT 46**	言いにくいことを言う②	… 108
UNIT 47	オフィスで話す	… 110	**UNIT 48**	励ます	……… 112

●ミニフレーズ大活躍❸　英語にも謙譲の表現はある！ ………………… 114

CONTENTS

Chapter 4　超カンタン **4語**フレーズ ･････････ 115

- ✓ **Long time no see.**
  久しぶりですね。
- ✓ **It's a small world.**
  世間は狭いですね。
- ✓ **This is for you.**
  これをあげる。
- ✓ **Can I join you?**
  私も一緒にいいですか。
- ✓ **Nice talking with you.**
  お話しできてよかったです。
- ✓ **Give me a break!**
  いい加減にしてよ！
- ✓ **Let's keep in touch.**
  連絡を取り合いましょう。
- ✓ **Leave it to me.**　etc.
  私がやります。

UNIT 49	あいさつ（出会い）･･･ 116	UNIT 50	あいさつ（お別れ）･･･ 118
UNIT 51	ほめる ･････････ 120	UNIT 52	嬉しい・楽しい ･･･ 122
UNIT 53	さまざまな気持ち ･･･ 124	UNIT 54	思いやり① ･･････ 126
UNIT 55	思いやり② ･･････ 128	UNIT 56	意見を聞く ･･････ 130
UNIT 57	提案する ･･･････ 132	UNIT 58	要望を伝える ･･･ 134
UNIT 59	思う・考える ･････ 136	UNIT 60	行動について① ･･･ 138
UNIT 61	行動について② ･･･ 140	UNIT 62	たずねる・確認する① ･･･ 142
UNIT 63	たずねる・確認する② ･･･ 144	UNIT 64	理解する・しない① ･･･ 146
UNIT 65	理解する・しない② ･･･ 148	UNIT 66	応答する ･･･････ 150
UNIT 67	できる ･･･････ 152	UNIT 68	できない ･･･････ 154
UNIT 69	命令する・促す ･･･ 156	UNIT 70	しないで ･･･････ 158
UNIT 71	身体について ･････ 160	UNIT 72	幸運・不運 ･･････ 162
UNIT 73	状況を説明する① ･･･ 164	UNIT 74	状況を説明する② ･･･ 166

- ●ミニフレーズ大活躍❹　「パシャッ！」は英語では Splash! ･････････ 168

Chapter 5 超カンタン **5語フレーズ** ・・・・・・・・・・ 169

✓ **The pleasure is all mine.**
こちらこそ、よろしくお願いします。

✓ **I'm glad to hear that.**
それを聞いて嬉しいです。

✓ **Just between you and me.**
ここだけの話だけど。

✓ **I owe you a lot.**
大変感謝いたします。

✓ **Let me think it over.**
よく考えさせて。

etc.

UNIT 75	あいさつ ・・・・・・・・ 170	UNIT 76	嬉しい・楽しい ・・・ 172
UNIT 77	お礼・感謝① ・・・・・ 174	UNIT 78	お礼・感謝② ・・・・・ 176
UNIT 79	ほめる・励ます ・・・ 178	UNIT 80	気づかう ・・・・・・・・ 180
UNIT 81	質問する ・・・・・・・・ 182	UNIT 82	問いただす ・・・・・・・ 184
UNIT 83	提案する ・・・・・・・・ 186	UNIT 84	誘う・勧める ・・・・・ 188
UNIT 85	ポジティブな言葉・・・ 190	UNIT 86	ネガティブな言葉・・・ 192
UNIT 87	ネガティブに応答する・・・ 194	UNIT 88	意図を伝える① ・・・ 196
UNIT 89	意図を伝える② ・・・ 198	UNIT 90	ひと言補う① ・・・・・ 200
UNIT 91	ひと言補う② ・・・・・ 202	UNIT 92	天気を話す ・・・・・・・ 204
UNIT 93	食事をする① ・・・・・ 206	UNIT 94	食事をする② ・・・・・ 208
UNIT 95	仕事をする ・・・・・・・ 210	UNIT 96	人について話す ・・・ 212
UNIT 97	電話をかける① ・・・ 214	UNIT 98	電話をかける② ・・・ 216
UNIT 99	時間を話す① ・・・・・ 218	UNIT 100	時間を話す② ・・・・・ 220

超ミニフレーズさくいん・・・・・・・・・・・・・・・・・・・・・・・・・・・・・・・・・ 222

超ミニフレーズを使いこなす3つの戦略

戦略1　1語フレーズから始めよう

　まず、簡単な1語フレーズから始めます。そして、2語→3語→4語→5語と徐々に語数を増やし、5段階方式で無理なく英会話を学びます。500フレーズは全て、英語として自然な表現ばかりを選びました。

　すべての UNIT は5フレーズの構成で、テーマ別にまとめています。左のページに「日本語訳」、右のページに「英語フレーズ」という配置で、日本語を見て、英語を話す練習ができます。

　クイズ感覚で楽しく学びながら、簡単な表現から、少しずつ英会話を上達させていくことができます。頻繁に使われるミニフレーズをたくさん学ぶことにより、日常の英会話に「すぐに」役立たせることができます！

戦略2　発音を磨こう

　せっかく英会話の表現を覚えていても、発音が悪いために相手に通じないのは、とてももったいないことですね。正しい発音に慣れるためには、付属のCDを必ず聞くようにしましょう。

　また本書のすべてのフレーズに付いているカタカナ発音も利用してください。カタカナは英語の発音に限りなく近く表記しているので、これを真似て発音すると効果絶大です。効果は実証済みです。

　発音が上手くなれば、相手も笑顔で反応してくれて、英会話が楽しいものになります。英語で話すことに自信がもてるようになり、積極的にコミュニケーションを取りたくなります。

　副次的なメリットとしては、リスニング力も向上することです。これに関しては、研究データが報告されていますので間違いありません！

戦略3　英語の発想を身につけよう

　英語を話すとき、日本語からの直訳的な発想では、上手く表現できないことがあります。英語と日本語の表現の落差を頭に入れて、英語的な発想で話すようにしましょう。

　「あ〜、びっくりした」は You scared me. つまり、英語では「あなたは私を怖がらせた」と発想します。「すぐ行きます」は I'm going. ではなく I'm coming. です。「あなた」のいる場所に「近づいていく」という発想です。

　「日本語と英語はここが違う」と気づけばしめたもの。英語への興味も倍増します。英語表現の特徴をつかみ、英語独特の表現テクニックを身につければ、あなたの英語は確実に通じるようになるでしょう。

超ミニフレーズ大特訓の練習法

各 UNIT ともに、左ページに「日本語」、右ページに「英語フレーズ」が5つずつ並んでいます。STEP を参考にして練習しましょう。

STEP ①

日本語ページの「ヒント」を参考にしながら、まず英語フレーズを考えて、言ってみましょう。わからなくても気にする必要はありません。クイズ感覚でOKです。

▼

STEP ②

英語フレーズを見ながらCDを聞いてみましょう。次に英語フレーズを見ずにCDを聞いてみましょう。

▼

STEP ③

英語フレーズを目隠しシートで隠し、日本語を見て英語フレーズを言ってみましょう。忘れていたら、無理をせずに確認してください。

▼

STEP ④

CDを使って、日本語を聞いて、自分で英語フレーズを言ってみましょう。日本語の後には話すためのポーズがあります。CDだけで繰り返し練習しましょう。

本書の利用法

本書はだれでもカンタンに話せる1語から5語までの超ミニフレーズを練習するためのものです。フレーズはネイティブスピーカーがよく使う決まり文句で構成されています。覚えてしまえば、そのまますぐに使えるものばかりです。

UNITのテーマを示します。フレーズはこのテーマに沿って集められています。

英語に対応する日本語です。下に「ヒント」を示します。

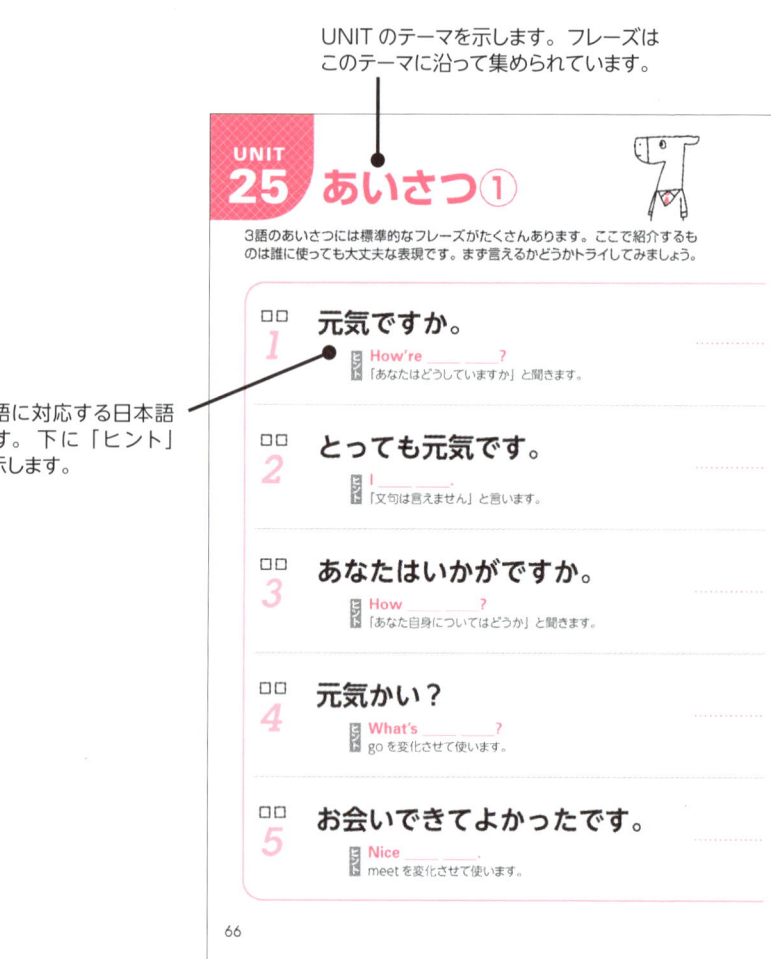

超ミニフレーズの使い方のポイントを紹介します。
会話の中でどこでどのように使えばいいかがわかります。
覚えておきたい関連フレーズも紹介します。

超ミニフレーズのカギ

あいさつは一連の流れです。相手に話しかけられたら、こちらもその場に合った言葉で返さないといけません。How're you doing? を覚えたら、I can't complain. や Fine.、I'm good. なども一緒に覚えておいて、口慣らしをしておくといいでしょう。

超カンタン**3**語フレーズ

CD 21

CDのトラック番号を示します。

How're you doing?

[ハワユ**ドゥ**ーイン↘]
How are you? のくだけた言い方です。試着室の中で着替えているお客さんに店員さんが「いかがですか」と聞くような場面でも使えます。

I can't complain.

[アイ**キャ**ーン(トゥ)クンプ**レ**イン]
トーンによっては「まあまあです」という意味にもなります。Fine. や I'm good. の代わりに使ってみましょう。complain は「文句を言う」という意味です。

正解の英語フレーズです。カタカナの太字は強く発音するところです。何度も音読して、しっかり身につけましょう。また、各フレーズに表現のニュアンスや使い方、発音のしかたを簡単に紹介しています。

付属のシートで英文を隠して、日本語に対応する英語フレーズを覚えたかどうか確認しましょう。しおりの代わりとしても利用できます。

11

● **Column　ミニフレーズ大活躍**

英会話でミニフレーズがいかに役立つか。さまざまな実例を紹介します。実際に外国人と話すときの参考にしてください。

● **超ミニフレーズさくいん**

巻末には本書で紹介する超ミニフレーズ 500 をアルファベット順に並べた「さくいん」を収録しています。覚えたかどうか確認するのに、また必要なフレーズを検索するのに利用してください。

CDの使い方

- CDには、本の左ページの「日本語」と右ページの「英語フレーズ」がどちらも収録されています。
- 「日本語」▶（ポーズ）▶「英語フレーズ」の順番で録音されているので、日本語の後に自分で声に出して言ってみましょう。

CDの録音例

))) 「最後まであきらめるな!」

▼

（ポーズ）　ここで、自力で英語を言ってみましょう。

▼

))) Stick to it!

自分の言った英語が正しいかどうか確認しましょう。

Chapter 1
超カンタン 1語フレーズ

英語には1語でも会話でとてもよく使うフレーズがあります。文法も関係なく使えます。まず、1語の超ミニフレーズからスタートしましょう。

CDトラック	UNIT 1	Track 02
	UNIT 10	Track 06

UNIT 1 ほめる

1語フレーズはまず「ほめる」からスタートしましょう。英語では言葉にして、しっかりほめることがとても大切です。

1. すごい！
ヒント G _ _ _ _ !
「偉大な」「大きな」と言う意味もある単語です。

2. いいね！
ヒント C _ _ _ !
「涼しい」という意味の形容詞です。

3. 実にすばらしい！
ヒント F _ _ _ _ _ _ _ _ !
もともと「空想的な」という意味です。

4. お見事！
ヒント S _ _ _ _ _ _ !
super に似た単語です。

5. 最高！
ヒント A _ _ _ _ _ _ _ !
単語の一部に some が入ります。

超カンタン **1**語フレーズ

超ミニフレーズのカギ

日本語では人をほめるときには「すご〜い!」「かわいい〜!」と、これ以外の言葉がないのかと思うくらい、同じ言葉を何度も繰り返しますね。それに比べ、英語のほめ言葉は多彩です。Great! 以外にもいろいろなものを使ってみましょう。

CD 02

Great!

[**グレイッ**(トゥ)]
人が立派なことを成し遂げたり、すばらしい話を聞いたりしたときに使うひと言です。That's great! の That's が省かれた形です。

Cool!

[**クー**ォ]
cool はもともと「涼しい」という意味ですが、相手の言ったことやしたことに対して使うと、「いいね!」「イケてる!」「かっこいい!」という意味になります。

Fantastic!

[ファン**ター**スティック]
fantasy は「空想」という意味です。その形容詞が fantastic です。「空想的で信じられない」→「信じられないくらいすばらしい」と捉えます。

Superb!

[ス**パー**ブ]
人の優秀で立派な言動に対するほめ言葉です。似たような意味で Excellent! や Super! という言葉も使います。

Awesome!

[**オー**サム]
人が何かを成し遂げたり、演技が上手だったりしたときに、「すごい!」とか「すばらしい!」とほめてあげるひと言です。

15

UNIT 2 もっとほめる

お祝いのフレーズも含めて、さらにほめる言葉を練習しましょう。日本人が意外に知らない表現もあります。

---

1 おめでとう！

ヒント C _ _ _ _ _ _ _ _ _ _ _ _ _ _ _ !
「祝う」という意味の動詞を変化させます。

---

2 すばらしい！

ヒント M _ _ _ _ _ _ _ _ !
marvel（驚くべきこと）の形容詞を使います。

---

3 ものすごくいいよ！

ヒント T _ _ _ _ _ _ _ _ !
terrible（ひどい）と間違わないようにご注意を!

---

4 すてき！

ヒント F _ _ _ _ _ _ _ _ !
fable（伝説、たとえ話）が変化した言葉です。

---

5 美しい！

ヒント L _ _ _ _ _ _ !
「愛」という意味の単語を変化させます。

超ミニフレーズのカギ

英語では相手のことをよくほめます。店員さんとお客さん、上司と部下など、上下関係にはこだわらず、ほめ合ってコミュニケーションを深めます。ほめられても変に謙遜する必要はありません。素直に Thank you. と答えましょう。

Congratulations!

[クングラッチュレイシュンズ]

昇進や結婚などでお祝いするときの表現です。最後のsを忘れないようにしましょう。「昇進おめでとう!」は Congratulations on your promotion! です。

Marvelous!

[マーヴァラス]

本来、「信じられないほど驚くべき」という意味ですが、「(驚くほど) すばらしい」というほめ言葉でもあります。wonderful よりも強い意味があります。

Terrific!

[テリフィック]

相手がすばらしいことをやってのけたときなどにほめてあげるひと言です。Terrible! [テラボォ] はほめ言葉とは逆に「ひどい!」と、けなす言葉です。

Fabulous!

[ファビュラス]

これも「すばらしい」「すてきな」というほめ言葉のひとつです。「伝説の、架空の」→「信じられないような」→「(信じられないほど) すてきな」と捉えましょう。

Lovely!

[ラヴリー]

例えば、きれいなドレスや花を見て「美しい!」とか「かわいい!」と言いたいときのひと言です。女性がよく使う言葉です。Oh, lovely. と言うこともあります。

UNIT 3 応答する

相手の言ったことに対して応答するフレーズです。つなぎ言葉も含めて練習しましょう。

1 そうですねえ…
ヒント W _ _ _ …
「上手に」という意味がある単語です。

2 たぶんね。
ヒント M _ _ _ _ .
「〜かもしれない」という助動詞の後ろに be が付いた言葉です。

3 こちらこそ。
ヒント L _ _ _ _ _ _ _ _ .
「〜のように」という意味の言葉の後ろに wise が続きます。

4 それはともかく。
ヒント A _ _ _ _ _ _ .
単語の一部に how が入ります。

5 うまくいけばね。
ヒント H _ _ _ _ _ _ _ _ _ .
「望み」という意味の語で始まる単語です。

超ミニフレーズのカギ

会話はターンテイキング（turn-taking ＝ 交互にしゃべること）が原則です。相手にしゃべらせるだけでなく、短い言葉でもいいので何か反応をしましょう。あなたの応答のひと言が会話を前に進めます。

Well …

[**ウェ**ォ]

人から何かたずねられ、すぐに答えが見つからず沈黙を埋めるために使うひと言です。「さて」と話題を変えるときのつなぎにも使えます。

Maybe.

[**メ**イビー]

相手が言ったことに対して、明確にはわからないけれども「それはあり得るね」と曖昧に返すときに使うひと言です。「たぶん違うよ」は Maybe not. です。

Likewise.

[**ラ**イクワイズ]

本来、「同様に」という意味ですが、Pleased to meet you.（どうぞよろしく）など、挨拶の表現の後で「こちらこそ」と返すときにも使える便利なひと言です。

Anyhow.

[**エ**ニハウ]

「それはそれとして」とか「とにかく」のように次の話題に移るときに、話と話の間で沈黙を埋めるために使うひと言です。Anyway. とも言えます。

Hopefully.

[**ホ**ウプフリー]

例えば、「あなたは将来医者になるの?」と聞かれて、「そう望んでいるんだけど」と言いたいときに使うカジュアルなアメリカ英語です。I hope so. とも言えます。

19

UNIT 4 ポジティブな言葉

ポジティブな感情や姿勢を示す1語フレーズです。たったひと言で相手にいい印象を与えることができます。

1. おもしろい！
ヒント I _ _ _ _ _ _ _ _ _ _ !
「興味深い」という意味の形容詞です。

2. 間違いないよ。
ヒント P _ _ _ _ _ _ _ .
negative（否定的な）の反対語です。

3. 必ずそうするよ。
ヒント A _ _ _ _ _ _ _ _ _ _ .
「絶対に」という意味の副詞を使いましょう。

4. 本当だよ。
ヒント S _ _ _ _ _ _ _ _ _ .
「まじめに」「真剣に」という意味の副詞を使います。

5. いつでもどうぞ。
ヒント A _ _ _ _ _ _ _ .
「何でも」は anything、「誰でも」は anybody、では「いつでも」は？

超ミニフレーズのカギ

Positive. は「確信している」という意味で I'm sure. とも言えます。Anytime. は、「どういたしまして」いう意味を表す You're welcome.、No problem.、Don't mention it. を言うタイミングで使えます。

Interesting!

[インタレスティン]

相手が持ち出した話やアイデア、提案が興味深く、関心があるときに使うポジティブ表現です。滑稽なおもしろさには funny [ファニー] を使います。

Positive.

[パズィティヴ]

相手から、「それ確かなの?」と聞かれて、「間違いないよ」と強く肯定する表現です。I'm positive. の I'm が省かれた形です。

Absolutely.

[アブソルーッ(トゥ)リー]

「~してもらえませんか」と言われたときに、「絶対に~するよ」と強く肯定して答えるひと言です。

Seriously.

[スィアリアスリー]

自分の言った話を相手が信じていないときに、「まじめに言っているんだよ」「冗談ではないよ」と、相手に真剣な気持ちを表すひと言です。

Anytime.

[エニタイム]

貸してあげたものを人から返してもらうときに Thank you. と言われたら、「どういたしまして。またいつでも貸してあげますよ」という意味で使います。

UNIT 5 ネガティブな言葉

今度はネガティブな1語フレーズです。カジュアルなものが多いので、親しい人の間で使うようにしましょう。

1 ホントむかつく！
ヒント D_____!
disgust（〜をむかつかせる）を変化させます。

2 キモい！
ヒント G____!
「総計」と同じ単語です。GNPやGDPのGです。

3 これはひどい！
ヒント T_____!
Terrific!（ものすごくいいよ!）と間違わないように。

4 かっこ悪〜い。
ヒント U___.
pretty（かわいい）の反対語の「醜い」という形容詞です。

5 最悪だね。
ヒント L_____.
louse（シラミ）の形容詞を使います。

超カンタン**1**語フレーズ

🔑 超ミニフレーズの**カギ**

英語では、好き嫌いをはっきり言葉で表現します。Disgusting!は、例えば、嫌いな食べ物を目の前にしたときや、人の嫌な行為を目撃したときなど、幅広く使えます。また、Good job.の反対の意味でLousy job.と言えば、「出来映え最悪」となります。

Disgusting!
[ディス**ガ**スティン]
嫌な光景を見たり、不愉快な話を聞いたりしたときに、強い嫌悪感を表現するひと言です。「吐き気をもよおさせるような」というイメージです。

Gross!
[**グ**ロウス]
下品な様子や粗野な言葉・態度を見て、それに対する嫌な気持ちを表現するひと言です。気持ち悪さや汚なさを強調する表現です。

Terrible!
[**テ**ラボォ]
例えば、ひどい騒音や乱暴な運転などについて、個人的な感情というよりも、客観的に「ひどく悪い」と言い表すときに使います。

Ugly.
[**ア**グリー]
例えば、お店で洋服やバッグを買おうと友達と一緒に探していて、「これなんかどう?」と言われ、「わ〜、それ超最悪」などと言いたいときに使えます。

Lousy.
[**ラ**ウズィー]
例えば、「あなたのギターの腕前はどうですか」と聞かれ、「いや〜、ひどいものですよ」と返したいときに使うひと言です。謙遜や冗談としても使えます。

UNIT 6 快く受ける

相手の言うことに同意したり、相手の要望を承諾したりするフレーズはいくつもあります。よく使う1語フレーズをまず練習しましょう。

1 かしこまりました。
ヒント C_____.
「確かに」という意味の副詞を使います。

2 いいですよ。
ヒント S____.
「確信している」という意味の形容詞を使います。

3 その通りです。
ヒント E_____.
「正確に」「ちょうど」という意味の副詞を使います。

4 了解。
ヒント G_____.
Got と you がくっついた単語です。

5 もちろん。
ヒント D_____.
「明確に」「はっきりと」という意味の副詞を使います。

超ミニフレーズのカギ

相手が言ったことに快く笑顔で受け答えをすると、お互いの気持ちも明るくなりコミュニケーションが円滑になります。丁寧なCertainly. から、気軽な Sure. まで、場面によって言い分けてみましょう。

Certainly.

[**サ**ー(トゥ)ンリー]

レストランなどで食事の注文を受けたウエイターやウエトレスが、お客さんに対して使う丁寧な表現です。人に頼みごとをされて快諾する場合にも使えます。

Sure.

[**ショ**ー(ア)]

例えば、「写真を撮ってもらえませんか」と頼まれたときなどに、「おやすいご用です」と気持ちよく引き受けるときに使います。

Exactly.

[イグ**ザ**ク(トゥ)リー]

相手の言ったことに対して100%同意するときのひと言です。Not exactly. は「そういうわけでもないんです」という意味です。

Gotcha.

[**ガ**ッチャ]

相手の発言に対して、理解したことを伝えるひと言です。他にも、「捕まえた」とか、いたずらなどを見つけて「見ちゃったよ」という意味でも使います。

Definitely.

[**デ**フィニッ(トゥ).リー]

例えば、「コンサートには行く?」と聞かれたり、「迎えに来てくれますか」と頼まれたりしたときに、強く肯定するひと言です。Of course. と同様に使えます。

UNIT 7 感嘆する

強い感情を相手にうまく伝える表現を練習しましょう。TPO も意識して使うようにしましょう。

1 いや〜！
ヒント B _ _ !
girl の反対語です。

2 信じられない！
ヒント U _ _ _ _ _ _ _ _ _ _ _ !
「信じる」という意味の動詞 believe を変化させます。

3 とてもすばらしい！
ヒント I _ _ _ _ _ _ _ _ _ !
credible（信じられる）の反意語です。

4 うまい！
ヒント Y _ _ _ _ !
「むしゃむしゃ」と美味しそうに食べるさまは yum-yum です。

5 やっとだよ！
ヒント F _ _ _ _ _ _ _ !
「最後に」という意味の副詞を使います。

超ミニフレーズのカギ

Unbelievable!（信じられない!）は、I can't believe it! とも言えます。「うまい!」は Delicious!（おいしい!）や Tastes great!（すばらしい味がする!）という表現もあります。

超カンタン **1語**フレーズ

CD 05

Boy!

[**ボ**ィ]

boy は普通「少年」という意味で使われますが、「うわ〜!」とか「いや〜!」など、感嘆を表すときに文頭でよく使うひと言です。なお、Girl! とは言いません。

Unbelievable!

[アンブ**リー**ヴァボォ]

信じ難い光景や出来事について、感情を強く表すひと言です。「（信じられないくらい）すばらしい」という意味でも使います。

Incredible!

[インク**レ**ダボォ]

unbelievable と同様に、「信じられない」という意味から転じて「（信じられないほど）すばらしい」という意味でよく使います。

Yummy!

[**ヤ**ミー]

何かを食べて「おいしい!」とか「うまい!」と言うときのひと言です。子供がよく使う表現ですが、大人がわざと使うこともあります。

Finally!

[**ファ**イナリー]

「試験が全部終わったね」とか「研修は今日で終わりだね」と相手から言われ、「ホントきつかった、やっと終わったよ」と、疲れや安堵の感情を強調します。

UNIT 8 びっくりする

驚きを表す1語フレーズを集めました。サプライズ・パーティーで使う楽しいひと言もあります。

1 わ〜っ！
- **ヒント** W _ _ !
- 日本語の「わ〜っ!」に似た発音です。

2 本当ですか。
- **ヒント** R _ _ _ _ _ _ ?
- 「リアルな (real)」の副詞です。

3 そんなばかな！
- **ヒント** I _ _ _ _ _ _ _ _ _ _ !
- 「不可能な」という意味の形容詞を使います。

4 おめでとう！（びっくりパーティーで）
- **ヒント** S _ _ _ _ _ _ _ _ !
- 「驚き」という単語を使います。

5 これはたいへん！
- **ヒント** G _ _ _ !
- god の婉曲的な言い方です。

28

超カンタン **1語**フレーズ

超ミニフレーズの**カギ**

驚きの表現も場面によって使い分けましょう。Wow! など1語で言えて、何気ないひと言のようですが、このようなひと言が、相手に共感を伝えるのに意外に大切なのです。

CD 05

Wow!

[ワゥ]

「わ〜っ！ ホントですか」「え〜、びっくり!」のように、相手の話に応じて、驚きの気持ちを表します。

Really?

[リーリー ↗]

上げ調子で発音します。下げ調子なら軽いあいづちになります。r の発音は口を丸めて舌を上の歯茎に付けず、l の発音は舌先を上の歯の裏側に付けます。

Impossible!

[インパッスィボォ]

ある出来事や人から聞いた話に対して、「うそだろう?」「ありえない!」と言いたいときに使うひと言です。「そんなことは現実には不可能」という発想です。

Surprise!

[サプライズ]

例えば、こっそりと友達の誕生日パーティーを計画して、当人がパーティーの場にやって来たときにみんなで「おめでとう!」という意味で叫ぶひと言です。

Gosh!

[ガーッシュ]

人から大変な出来事や事実について聞かされ、「それはたいへんだね!」と言うときのひと言です。Oh, my gosh! とか Oh, my goodness! とも言います。

UNIT 9 注意する・呼びかける

相手に忠告したり、相手の注意を喚起したりするためのひと言です。意外な言葉が多いので、ヒントを参考にクイズのつもりで考えてみましょう。

1 静かに。
ヒント Q _ _ _ _ .
「静かな」という形容詞だけでOKです。

2 ダメだよ。
ヒント D _ _ _ .
否定の命令文はこの助動詞で始めます。

3 そっとやりなさい。
ヒント E _ _ _ .
「簡単な」という形容詞を使います。

4 さて。
ヒント N _ _ .
「今」という意味の単語を使います。

5 ねえ。
ヒント L _ _ _ .
「見る」という意味の動詞です。

超ミニフレーズのカギ

Easy.、Now.、Look. などは、「簡単」、「今」、「見なさい」という私たちが覚えている意味とはちょっと違うので注意しましょう。now は Now, wait a minute.（おい、ちょっと待てよ）のように命令を強める語としても使えます。

超カンタン1語フレーズ

CD 06

Quiet.

[ク**ワイエッ**(トゥ)]

Be quiet. の be が省略された形です。本来、命令文は動詞の原形で始まりますが、〈Be + 形容詞〉の形の命令文は be を省略することがあります。

Don't.

[**ドゥン**(トゥ)]

例えば、Don't run.（走るな）のように、否定の命令文は〈Don't + 動詞の原形〉ですが、状況的に判断できるときには、動詞を省略する場合があります。

Easy.

[**イー**ズィー]

例えば、ケガをしたところに薬を塗る際に、「そっとやさしくしてね」と言うときに使います。easy には「穏やかな」「控えめな」などの意味があります。

Now.

[**ナ**ゥ]

now は「今」という意味だけではありません。話を切り出したり切り替えたりするときに、文頭に置いて使うこともできます。

Look.

[**ル**ック]

日本語で言うと「ねえ」「ほら」「いいかい?」「あのね」のように、何かを話し始める前に軽く言う表現です。若干の怒りやいら立ちを示すときによく使います。

UNIT 10 確認する

相手に確認をしたり、同意を促したりする表現を練習します。簡単な1語フレーズでも、いろいろなニュアンスを出すことができます。

1. でしょう？
ヒント R _ _ _ _ ?
「正しい」という意味の形容詞を使います。

2. わかりますか。
ヒント U _ _ _ _ _ _ _ _ _ ?
「理解する」という意味の動詞を使います。

3. やっぱりそうだろう？
ヒント S _ _ ?
「見る」「会う」という意味の動詞を使います。

4. もう一度言ってもらえませんか。
ヒント P _ _ _ _ _ ?
「許す」「許し」という単語です。

5. それで？
ヒント S _ ?
「だから」という意味の接続詞を使います。

> ### 超ミニフレーズのカギ
> 確認するときには、場面や状況によって表現を変えましょう。自分が言ったことが正しいかどうかの確認は Right?、相手が理解したかどうかの確認は Understand?、相手が言ったことの確認は Pardon? です。

超カンタン1語フレーズ

CD 06

Right?
[ライッ(トゥ)↗]
「私が今言ったことは正しいでしょう?」という意味で、文の後に上げ調子で付け足します。代わりに Am I right?（私は正しいですか）と言うこともできます。

Understand?
[アンダスタン(ドゥ)↗]
相手に何かを説明したり注意したりした後で、その人が理解できたかどうかを確認するひと言です。Do you understand? の Do you を省いた形です。

See?
[スィー↗]
「ほらね、私が言った通りでしょう?」とか「見てごらん、やっぱりそうでしょう」と相手に確認したり言い聞かせたりするときのひと言です。

Pardon?
[パー(ドゥ)ン↗]
相手の言ったことがよくわからず、内容を聞き返すときのひと言です。Pardon me? とか I beg your pardon? とも言います。Excuse me? でもOKです。

So?
[ソゥ↗]
相手が言った意図がよくわからず、「で?」とか「だから何なのですか。続きを話して内容がわかるように説明してください」と言いたいときに使います。

Chapter
1
2
3
4
5

33

ミニフレーズ大活躍 ❶

アルファベットや数字だけのミニフレーズ

　週末前の金曜日にひと言、TGIF!〔**ティ**ージー**ア**ィ**エ**フ〕。これは Thank God It's Friday. の頭文字語で、「神様ありがとう、今日は金曜日だ」という意味です。TGIF! Let's go have a drink!「やっと金曜日だ！　飲みに行こう!」のように、その週の仕事を終え、週末がやってくることの喜びや安堵感を表すひと言です。

　as soon as possible（できるだけ早く）の頭文字を取ったミニフレーズは asap〔**エ**ィサップ〕です。Send it to me asap.（できるだけ早く送って）のように使います。

　数字だけの 24/7〔トゥ**ウェ**ニーフォー**セ**ヴン〕は「1日24時間、週7日間」、つまり「年中無休」という意味で、The store is open 24/7.（お店は年中無休です）のように使います。

Chapter 2

超カンタン 2語フレーズ

2語フレーズは、あいさつ、あいづち、感情表現など、さまざまなものが登場します。使い方のポイントを押さえてしっかり練習しましょう。

How's business?

CDトラック	UNIT 11 ▶ Track 07
	UNIT 24 ▶ Track 20

UNIT 11 あいさつ

会ったとき、別れるときのあいさつに使える2語フレーズはいくつもあります。ここではよく使うものを練習しましょう。

1 変わりはない？
ヒント What's ____?
「何か新しいことはありますか」と捉えましょう。

2 特に何もないよ。
ヒント Not ____.
「たくさんはない」と考えます。

3 元気？
ヒント ____ happening?
「何が起こっているの?」と考えます。

4 お仕事はいかがですか。
ヒント ____ business?
「どう?」「いかが?」という意味の疑問詞は?

5 それじゃまた。
ヒント Bye ____.
「今」という意味の単語が入ります。

超カンタン**2**語フレーズ

超ミニフレーズのカギ

あいさつには、ある程度決まった表現があり、それぞれに決まった答え方があるので、そのまま覚えておくととても便利です。また、答えた後は聞かれっぱなしにせずに、How about you?（あなたは?）など、こちらから相手に聞き返すことも大切です。

CD 07

What's new?

▶ [**ワッ**ッ**ニュー** ↘]

人に会ったときのあいさつは How are you? だけではありません。What's up?［**ワッ**ッ**ァッ**（プ）］という表現もあります。

Not much.

▶ [**ナッマッ**チ]

How are you? には Fine. や I'm good. で答えますが、What's new? や What's up? と聞かれたら、Not much. や Nothing (much). と答えましょう。

What's happening?

▶ [**ワッ**ッ**ハ**プニン ↘]

What's new? のような日常の軽いあいさつのひとつです。happening の ha は［ハ］と［ヘ］の間くらいの音で発音します。

How's business?

▶ [**ハウ**ズ**ビ**ズネス ↘]

「仕事」は business を使いましょう。［ビジネス］ではなく［ビズネス］のように発音してみましょう。How's は How is の短縮形です。

Bye now.

▶ [**バイナウ**]

気軽な別れのあいさつです。もちろん、Good bye. や Bye. でもOKです。See you. や So long. という言い方もあります。

UNIT 12 あいづち

あいづちは会話のクッションになります。2語の代表的なあいづちを練習しましょう。会話ですぐに使えるものばかりです。

1 ええと…
ヒント Let's _____…
「見る」という意味の単語を使います。

2 きっとそうでしょうね。
ヒント I _____.
「賭ける」という意味の単語を使います。

3 いいとも！
ヒント You _____!
ここでも「賭ける」という意味の語が続きます。

4 まあ、しかたないさ。
ヒント Oh, _____.
「上手に」とか「元気な」という意味の単語を使います。

5 どおりで。
ヒント No _____.
「不思議」という意味の単語が入ります。

超ミニフレーズのカギ

例えば、Do you have any ideas?（何かいい考えある?）と聞かれ、すぐに名案が浮かばないときには、つなぎの言葉として、Let's see ...（そうですねえ…）を使って、不自然な間を作らないようにします。

Let's see ...

[**レッツスィー**]

質問に即答できず「そうですねえ…」とか「ええと…」と考えるときに使うひと言です。気まずい沈黙を埋めるのに便利です。Let me see ... とも言います。

I bet.

[**アイベッ（トゥ）**]

「お金を賭けてもいいくらい確信できる」と捉えます。反語的に「まさか」とか「さあ、それはどうかな」という意味でも使います。

You bet!

[**ユーベッ（トゥ）**]

人に何かを頼まれたときに、快く承諾するカジュアルな表現です。また、お礼を言われた後、「どういたしまして」という意味のくだけた言い方としても使います。

Oh, well.

[**オウェォ**]

予想外に残念なことが起こったときに、「それはあきらめないとしょうがないね」と軽く流す表現です。Well の l の音は [ル] というよりは [オ] に近く発音します。

No wonder.

[**ノゥワンダー**]

理由を聞いて「なんだ、そういうことか」と納得するときに使うひと言です。「不思議はない」、つまり「なるほど」「どおりで」となるわけです。

UNIT 13 ほめる

短いほめ言葉はたくさんあります。2語フレーズで代表的なものをまず練習しましょう。

---

1. よくできました！

ヒント: Good ____ !
「いい仕事をしたね!」と発想します。

---

2. 上手い！

ヒント: Well ____ !
「上手になされた」と考えます。

---

3. それはいいね！

ヒント: ____ great!
「聞こえる」「音」という意味の単語を使います。

---

4. いい匂いですね！

ヒント: ____ good!
「匂う」「匂い」という意味の単語を使います。

---

5. 彼女は本当に美しい！

ヒント: She's ____ !
「豪華な」という意味の単語が入ります。

超ミニフレーズのカギ

　言葉でしっかりほめるのが英語の鉄則です。日本語の「ゴージャス」は贅沢なさまを表しますが、英語のgorgeousは「魅力的」という意味で、She's gorgeous. や What a gorgeous dress! など、女性や洋服など、容姿の形容によく使います。

Good job!

[**グッ**ジョーブ]

子供でも大人でも、何かを達成した人には笑顔でこう言ってあげましょう。「ほめれば伸びる」は万国共通です。

Well done!

[**ウェ**ォダン]

Good job! と同様に、人が何かを上手く成し遂げたときに言ってあげるひと言です。do（する）の過去分詞 done（なされた）を使います。

Sounds great!

[**サ**ウンズグ**レ**イッ(トゥ)]

It sounds great! の It が省略された形です。英語では「すばらしく聞こえる」と言います。相手に快く同意するときにも使います。

Smells good!

[ス**メ**ォズグッ(ドゥ)]

Sounds great! と同様に、It smells good. の It が省かれた形です。「よく匂う」と発想します。日本語の「いただきます!」の代わりにも使えるひと言です。

She's gorgeous!

[**シ**ーズゴージャス]

「豪華な」は英語では gorgeous。英語では女性の美しさをほめて「すてきな」「美しい」という意味でよく使います。

UNIT 14 気づかう

相手の気持ちを察してかけるひと言です。「お先にどうぞ」は基本マナーの表現としてしっかり覚えましょう。

1. お先にどうぞ。
ヒント ____ you.
「あなたの後で」と考えます。

2. 気にしないで。
ヒント ____ mind.
「決して〜ない」という否定語を使います。

3. それはお気の毒に。
ヒント I'm ____.
「ごめんなさい」と同じ表現です。

4. 人生そんなもんだよ。
ヒント That's ____.
「人生」とか「命」という意味の単語を使います。

5. 気をつけて。
ヒント ____ care.
「取る」とか「持っていく」という意味の単語が入ります。

超ミニフレーズのカギ

I'm sorry. は謝る表現であると同時に、「お気の毒に思います」「それは残念です」という意味も表せます。場面によって使い分けましょう。I'm sorry to hear that. と言えば、「それを聞いて残念に思います」となります。

After you.

[**ア**フタユー]

ドアやエレベーターでの出入りの際、英語圏では相手に譲るのが常識です。「あなたの後で（私は行きます）」ということですね。Go ahead. でもOKです。

Never mind.

[**ネ**ヴァマイン（ドゥ）]

例えば、人に何か頼みごとをしていて、「あっ、やっぱりいいや、気にしないで」と軽く訂正するときのひと言です。Don't mind. とは言わないので注意。

I'm sorry.

[**ア**イム**ソ**ーリー]

I'm sorry. は「ごめんなさい」という謝罪の意味だけではありません。sorry には「気の毒に思う」という意味もあります。

That's life.

[**ダ**ッツ**ラ**イフ]

何かよくない出来事があって悲しんでいる人に、「まあ、そんなこともあるさ」と慰めてあげるひと言です。文字通り「それが人生さ」ということですね。

Take care.

[**テ**イッ**ケ**ァ]

お別れのあいさつとして、「じゃあね」「身体に気をつけてね」「お大事に」と言う表現です。こう言われたら、You, too.（あなたもね）と返しましょう。

UNIT 15 行動を促す

相手に行動を促す2語フレーズをまとめました。お客さんによく使う「どうぞご自由に」から、催促・懇願や反語で使う「頼むよ!」まで多彩です。

1 どうぞご自由に。
ヒント: ____ yourself.
「助ける」「手伝う」という意味の単語を使います。

2 あなたの番ですよ。
ヒント: Your ____.
「順番」は「曲がる」とか「ひっくり返す」と同じ単語です。

3 頼むよ！
ヒント: ____ on !
「来る」という意味の単語を使います。

4 起きて。
ヒント: Wake ____.
down の反対語は?

5 今でしょ。
ヒント: ____ now.
「ちょうど今」と言います。

超カンタン2語フレーズ

超ミニフレーズのカギ

Help yourself. は、「パソコンを借りていい?」と言われ、「どうぞ、どうぞ」と言うときにも使えます。「今でしょ」は The time for action is now. や、Now or never.（今じゃないとチャンスはないよ）とも言えます。

Help yourself.

[**ヘ**ォピョー**セ**ォフ]
食べ物や飲み物を「ご自由にお取りください」とお客さんに声をかけるときによく使います。「クッキーをどうぞ」は Help yourself to some cookies. です。

Your turn.

[**ヨ**ーターン]
「（私の番ではなくて）あなたの番ですよ」というわけですから、your を強く発音しましょう。turn の tur はあまり口を開けずに発音します。

Come on!

[カ**モ**ーン]
「いいじゃないか」「まあ、そう言わずに」「冗談はやめてよ」と相手に何か行動を促すときに使います。「さあ、行こう!」という意味もあります。

Wake up.

[**ウェイカ**ッ(プ)]
同じ「起きる」でも、get up［ゲラッ(プ)］は「ベッドから立ち上がる」、wake up は「目を覚ます」という意味です。

Right now.

[ラィッ**ナ**ゥ]
right（ちょうど）を付けて now（今）の意味を強調します。「行動するのは、後ではなく今ですよ」と言いたいときに最適です。

UNIT 16　注意する

相手に注意したり、アドバイスやクレームを伝えたりするフレーズです。意外に多くの場面で使えます。

1　注意して。
ヒント ＿＿＿ **careful.**
命令文は動詞の原形で始めます。

2　あわてるな。
ヒント **Don't** ＿＿＿.
「あわてふためく」ことをカタカナ英語では？

3　遅いじゃない！
ヒント **You're** ＿＿＿!
early（早い）の反対語を使います。

4　注意してよく聞いてください。
ヒント **Listen** ＿＿＿.
down の反対語を使います。

5　エネルギーを節約しなさい。
ヒント ＿＿＿ **energy.**
「節約する」は「救う」と同じ単語です。

超ミニフレーズのカギ

注意する表現は言い方によって相手の捉え方が変わってきます。例えば、Don't panic. も柔らかく言えば、「まあ、あわてないで（大丈夫だから）」と、注意しながらも相手を落ち着かせる表現になります。

Be careful.

[ビ**ケ**アフォ]

careful は「注意深い」という意味の形容詞です。命令文の場合、形容詞の前に Be（〜である）を使います。「注意深くありなさい」ということです。

Don't panic.

[**ドゥンパ**ニック]

あわてふためくことは日本語で「パニック」ですね。「パニックに陥らないように」ということです。panic の pa は [パ] と [ペ] の中間で発音しましょう。

You're late!

[ヨー**レ**イッ(トゥ)]

約束の時間に遅れてきた人に「待ちくたびれたよ」と言うひと言です。You're は You are の短縮形で、your と同じように発音します。

Listen up.

[**リ**ッスナッ(プ)]

「みなさん、静かにしてよく聞いてください」と、人に呼びかけるときによく使います。hear は「聞こえる」、listen は「耳を傾ける」というニュアンスです。

Save energy.

[**セ**ィヴ**エ**ナジー]

最近では環境保全意識の高まりのなか、よく使われます。energy の発音に注意しましょう。Conserve energy. とも言えます。

UNIT 17 ポジティブな言葉

請け合ったり、保証したり、楽しみな気分を伝えたりするフレーズです。ポジティブな表現なので、ポジティブに言いましょう。

1 もちろん。
ヒント Why ___ ?
否定語を使います。

2 できた！
ヒント ___ set!
「すべてセットされた」と発想します。

3 本当です。
ヒント I ___ .
「誓う」という意味の単語を使います。

4 頑張ってみるよ。
ヒント I'll ___ .
「試す」「やってみる」という動詞は？

5 楽しみだね！
ヒント How ___ !
「わくわくする」という意味の形容詞を使ってみましょう。

超カンタン**2**語フレーズ

超ミニフレーズのカギ

exciting や nice など、ポジティブな意味の形容詞の前に how を添えると意味を強調できます。All set? は上げ調子で言えば、レストランで接客係が「ご注文のお品は以上でお揃いでしょうか」と言う表現になります。

CD 13

Why not?

[**ワィ**ナッ(トゥ)↘]

「なぜだめなことがありましょうか。もちろんいいですよ」というポジティブな反応です。I don't see why not. や Sure. や Of course. でも大丈夫です。

All set!

[**オー**セッ(トゥ)]

「準備ができました」とか「手続き完了です」などと言いたいときに便利なひと言です。3語では You're all set. や It's all set. と言うこともできます。

I swear.

[アイス**ウェ**ア]

文字通り「私は誓う」と言います。本当であることを誓うということです。3語では I meat it.［アイ**ミー**ニッ(トゥ)］という表現もあります。

I'll try.

[アイォトゥ**ラ**イ]

「頑張ってね」と励まされたときに、「頑張ってみるよ」「やってみるよ」と前向きに返すひと言です。I'll の l は［ル］ではなく［オ］のように聞こえます。

How exciting!

[ハウイク**サ**イティン]

「楽しみだね」「何だかわくわくする」というポジティブ表現です。自分がわくわくするときには excited、物事がわくわくさせるときには exciting を使いましょう。

49

UNIT 18 ネガティブな言葉

疲弊した、道に迷った、恥ずかしいなど、今度はネガティブなフレーズを練習しましょう。ネガティブでもしっかり相手に伝えることが大切です。

1. やれやれ。
ヒント Oh, ___.
意外にも、「兄弟」という意味の単語を使います。

2. もういっぱいいっぱいです。
ヒント I'm ___.
単語の一部に over が入ります。

3. 怖い。
ヒント I'm ___.
「怖がらせる」という意味の動詞を変化させて使います。

4. 道に迷ってしまった。
ヒント I'm ___.
lose の過去分詞を使います。

5. 恥ずかしい！
ヒント How ___!
「恥ずかしがらせる」という意味の embarrass を変化させます。

超ミニフレーズのカギ

(Oh,) boy! (UNIT 7) が、「いや～（なんてすばらしい）」のように、いいことにも使うのに対し、Oh, brother. は通常ネガティブな言葉として使います。I'm scared. のように感情表現は受け身が多いことを覚えておきましょう。

Oh, brother.

[**オゥブラ**ダー]

人の言動などにあきれたときに言うひと言です。ちなみに Oh, sister. とは言いません。brother の th は[ダ]と書いていますが、舌と歯を摩擦させる発音です。

I'm overwhelmed.

[アイムオウヴァ**ウェ**ォムドゥ]

overwhelm（～を圧倒する）の過去分詞を使います。受動態にして「私は圧倒されている」、つまり、精神的に追い詰められた状態を表します。

I'm scared.

[アイムス**ケ**アドゥ]

scare（～を怖がらせる）の過去分詞を使い、受身形にして「私は怖がらせられている」とします。

I'm lost.

[アイム**ロ**ストゥ]

lose は「失う」という意味。その過去分詞は lost です。迷子は、その人が失われた状態ということです。「話がわからなくなった」という意味でも使えます。

How embarrassing!

[**ハ**ウィンバラスィン]

自分のしたことが恥ずかしいのであれば embarrassing、自分が恥ずかしいのであれば embarrassed を使います。I'm embarrassed. とも言えます。

UNIT 19 応答する①

相手の言ったことに応答するフレーズはたくさんあります。まず第一弾。相手の発言を受ける気持ちで練習しましょう。

1 私もです。

ヒント ＿＿, too.
1人称単数（私）の主格は I、では目的格は？

2 すぐ行きます。

ヒント I'm ＿＿.
英語では「すぐ来ます」と言います。

3 たいしたことじゃないよ。

ヒント Big ＿＿.
「取引」という意味の言葉を使います。

4 ありえない！

ヒント ＿＿ be!
「〜できない」という意味の助動詞を使います。

5 うっそー！

ヒント No ＿＿!
「からかうのはやめて!」と言います。

超ミニフレーズのカギ

Big deal. は、本来は It's not a big deal. (It's no big deal.) のことです。No kidding! は、You must be kidding! とか Are you kidding? と言うこともできます。Can't be! は Impossible! (UNIT 8) と同じ「ありえない」という場面で使えます。

Me, too.

[ミー**トゥ**ー]
相手の意見に同調するときに使うひと言です。否定で「私もそうではありません」と言いたければ、Me, neither. [ミー**ニ**ーダー] を使いましょう。

I'm coming.

[アイム**カ**ミン]
日本語では、相手のところに「行く」と言いますが、英語では相手の立場に立って「来る」、つまり come を使います。

Big deal.

[ビッグ**ディ**ーォ]
本来、「そりゃすごい」「たいしたものだ」という意味なのですが、「それがどうしたんだ。たいしたことないよ」という反対の意味でよく使われます。

Can't be!

[**キャ**ーン(トゥ)ビ]
信じられない出来事について聞いたときなどにすばやく返すひと言です。It can't be true! (それは本当のはずがない) などの省略形と考えます。

No kidding!

[ノウ**キ**リン]
Can't be! と同様に、信じられないことを言われた後で言う表現です。kid は「冗談を言う」「からかう」、〈no + 〜 ing〉で「〜してはいけない」という意味です。

UNIT 20 応答する②

応答のフレーズをもう少し練習しましょう。簡単でよく使う表現ばかりなので、覚えておけばすぐに役立ちます。

1 わかりました。
ヒント: ____ it.
getの過去形を使います。

2 こちらこそ。
ヒント: ____ you.
「ありがとう」と同じ表現です。

3 どういたしまして。
ヒント: My ____.
「私の喜びです」と言います。

4 とてもすてき！
ヒント: ____ nice!
「何と」と感嘆する言葉を使います。

5 それで結構です。
ヒント: That'll ____.
「する」という意味の動詞を使います。

超ミニフレーズのカギ

会話のリズムを保つために、すばやく応答することはとても大切です。短いフレーズで会話のテンポをつかみましょう。Thank you. はイントネーションの違いで「ありがとう」「こちらこそ」と意味が違ってくるので、実際に音読練習して感触をつかみましょう。

Got it.

[**ガー**リッ(トゥ)]

「それを頭の中に get した」と捉えます。レストランなどでウエイターがお客さんに対して「かしこまりました」と言う場合にも使います。

Thank you.

[サン**キュ**ー]

「ありがとう」の Thank you. は thank（感謝する）を強く発音しますが、ここでは「私があなたに感謝するほうです」と「あなた」を強調します。

My pleasure.

[**マ**イプレジャー]

お礼の言葉に返すひと言です。「私が喜んでしたことですから（お礼は要りませんよ）」と発想します。You're welcome. や No problem. とも言えます。

How nice!

[**ハウ**ナイス]

相手の行動などを、気持ちよくほめてあげるひと言です。英語では Really?（そうですか）だけでは言葉が足りません。

That'll do.

[**ダ**ルドゥー]

頼んだものを「これでいいですか」と差し出され、「それで結構です」と快く応答するときの表現です。do は「役に立つ」というイメージです。

UNIT 21 ネガティブに答える

相手の言ったことに否定的に答えなければならないこともあります。そんな2語フレーズを練習しましょう。

1. そうするのはやめましょう。
ヒント： ____ not.
「〜しましょう」と言いたいときに使う言葉は?

2. いいえ、結構です。
ヒント： No ____.
「ありがとう」という1語が続きます。

3. たぶん違うよ。
ヒント： Maybe ____.
後ろに否定語を使います。

4. そうとは限りませんよ。
ヒント： Not ____.
「必ず」という意味の副詞を使います。

5. とんでもない。
ヒント： ____ not.
「確かに」とか「もちろん」と同じ単語で始めます。

超カンタン2語フレーズ

超ミニフレーズのカギ

何か飲み物を勧められたら、いろいろ考え込まずに、欲しいときには、Can I have 〜？、欲しくないときには、ためらわず No thanks. と言いましょう。英語ではネガティブに答えるときでも、あいまいにせずはっきり答えます。

CD 17

Let's not.

[**レッツナッ**(トゥ)]

相手の提案に否定的な応答をする場合のひと言です。「〜しましょう」は〈Let's + 動詞の原形〉、「〜するのはやめましょう」は〈Let's not + 動詞の原形〉です。

No thanks.

[**ノゥサ**ンクス]

相手の申し出を断るときは、No. だけではぶっきらぼうなので、その後ろに thanks または thank you を付けましょう。th は舌と歯を摩擦させる音です。

Maybe not.

[**メイビーナッ**(トゥ)]

日本語では肯定で聞かれても否定で聞かれても、「たぶん」と答えればいいですが、英語では否定で答える場合は必ず not を使います。

Not necessarily.

[**ナッ**ネセ**サ**ラリー]

「必ずしもそうではない」と部分的に否定するときのひと言です。「いつもそうとは限らない」という意味で Not always.[ナ**ロ**ーウェイズ] とも言えます。

Definitely not.

[**デ**フィニッ(トゥ)リー**ナッ**(トゥ)]

相手の質問に強い否定で応答します。「とんでもない」→「もちろん違うよ」というわけですから、「もちろん」という意味の definitely の後ろに not を足します。

UNIT 22 あいまいに答える

相手の言ったことや質問にはっきりと答えられないことがあります。そんなときの応答に便利なあいまい表現を練習しておきましょう。

1 まあ、そんな感じかな。
ヒント ____ of.
「種類」とか「親切な」という意味を持つ単語が入ります。

2 場合によります。
ヒント It ____.
「頼る」という意味の動詞を使います。

3 だいたいね。
ヒント Just ____.
「およそ」「約」という意味の単語が続きます。

4 おそらくね。
ヒント ____ be.
may の過去形を使ってみましょう。

5 とりあえず。
ヒント For ____.
「今のところ」と考えます。

超カンタン**2**語フレーズ

超ミニフレーズのカギ

日本語に比べて直接的な表現が多い英語でも、ズバリ答えられないときには、あいまいな表現を使い、その場をしのぐことがあります。Kind of. や It depends. などを使って、考え込んで沈黙する間を作らないようにしましょう。

CD 18

Kind of.

[**カ**ィンダーヴ]

例えば、「何か困っていることがあるんですか」とか「〜は好きですか」と質問されて、「ちょっとね」「まあね」などとあいまいに答えるときに使います。

It depends.

[イッディ**ペ**ンヅ]

例えば、「日本は家賃はいくらくらいなんですか」と聞かれ、「広さや地域によります」など、条件により変わるケースで使える表現です。

Just about.

[ジャスタ**バ**ウッ(トゥ)]

「〜の準備はできましたか」「〜は終わりましたか」と聞かれ、ほぼ完了しているときに使う表現です。2語をつないで発音するのがポイントです。

Might be.

[**マ**ィッビー]

例えば、「明日は雨かな」と聞かれたときに、「たぶん雨だと思うよ」とはっきりとは答えられないときに使います。Could be. や Maybe. とも言います。

For now.

[フォ**ナ**ゥ]

例えば、「ご注文は?」と聞かれ、「とりあえずビール」のように、「今のところ」「さしあたり」という意味で使うひと言です。

UNIT 23 確認する

相手の言ったことを確認したり、相手の状況を気づかったりする表現です。2語でいろいろなニュアンスを出すことができます。

1. ちょっと聞いてみただけだよ。

Just _____.
「確認する」は「チェックする」とも言えますね。

2. どうしたの？

What's _____?
right（正しい）の反対語は？

3. どうして？

How _____?
go の反対語は？

4. よろしいですか。

_____ I?
「〜してもよい」という意味の助動詞を使います。

5. 何かほかにありませんか。

Anything _____?
「そのほかに」という意味の副詞を使います。

超ミニフレーズのカギ

お互いに確認し合うことは、信頼関係の維持や誤解の回避にとても大切です。What's wrong? は、相手に対する気づかいの役目も果たします。Anything else? は、買い物のときに店員さんが「他に何か?」と言う確認表現でもあります。

Just checking.
[ジャス**チェ**キン]

「どうしてそんなこと聞くの?」と聞かれて、「別に深い意味はないけれども、ちょっと確認したかっただけだよ」と返すようなときに便利なひと言です。

What's wrong?
[ワッツ**ロー**ン ↘]

人が落ち込んでいたり、機嫌が悪そうだったりするときに、その理由を確認する表現です。別に何でもなければ Nothing. (何でもないよ) と答えます。

How come?
[ハゥ**カ**ム ↘]

Why? のように、「なぜ?」「どうして?」と相手に理由を確認するときに使うひと言です。How come? は強い驚きや不満を表すこともできます。

May I?
[メィ**ア**ィ ↗]

May I use it? などの省略形です。目の前にある物を「使ってもいいですか」のように、状況的にお互いが何の許可をもらうのかがわかるときに使えます。

Anything else?
[エニスィン**ゲォ**ス ↗]

例えば、「ご注文は以上ですか」とか「他に質問はありませんか」などと確認するときに使います。Anybody else? と言えば「誰かほかにいませんか」です。

UNIT 24 命令する・促す

相手に命令したり、何かを促したりする表現は使い方がポイントです。ニュアンスを意識しながら練習してみましょう。

1. 乗って。

Get ____.
ヒント：out の反対語は？

2. はっきり言いなさい！

Speak ____!
ヒント：down の反対語を使います。

3. やめなさい！

Stop ____!
ヒント：目的語に「それ」を使います。

4. 気をつけて！

Look ____!
ヒント：「外を見なさい」と言います。

5. 遠慮せずに。

Don't ____.
ヒント：「躊躇する」という動詞を使います。

超カンタン2語フレーズ

超ミニフレーズのカギ

命令文は Stop it! や Look out! のように動詞の原形で始めます。否定の命令文は Don't hesitate. のように〈Don't + 動詞の原形〉にします。また、[**スター**ッピッ（トゥ）] や [**ルッカ**ウッ（トゥ）] など、2語の音のつながりも意識してみましょう。

CD 20

Get in.

[ゲ**リ**ーン]

乗車を促すときのひと言です。「車から降りる」は get out です。飛行機、バス、電車、船など大きい乗り物には get on（乗る）、get off（降りる）を使います。

Speak up!

[スピー**カ**ッ（プ）]

声をアップ（up）させて話す、つまり、「大きい声で話す」という意味なのですが、「はっきり意見を言う」という意味でも使います。

Stop it!

[ス**ター**ッピッ（トゥ）]

相手の行動をやめさせたいときに強く注意するひと言です。2語をつないで発音します。同じような意味で Cut it out. や Knock it off. という表現もあります。

Look out!

[ルッ**カ**ウッ（トゥ）]

「自分だけではなく、周り（外）をよく見て気をつけなさい」と捉えます。Watch out! [ワッ**チャ**ウ（トゥ）] とも言います。

Don't hesitate.

[ドウン**ヘ**ズィテイトゥ]

相手がためらっているときに軽くこう促してみましょう。hesitate は「躊躇する」という意味です。「躊躇しないで」ということですから、「遠慮せずに」となります。

63

ミニフレーズ大活躍❷

学校では教えてくれない
カジュアルイングリッシュ

　学校でたくさんの英語の単語や表現を覚えてきたにもかかわらず、洋画どころか日常会話でさえ、「はぁ～？意味がわからない!」と思った経験はありませんか。

　実は日常会話の中には、学校では教えてくれない表現がたくさん含まれているのです。例えば、gameは「試合」という意味ですが、「乗り気」という意味もあります。Are you game for tennis?と言えば「テニスをするかい?」という意味になります。

　bearは「クマ」。でも「骨の折れること」という意味もあり、How was work?（仕事はどうだった?）と聞かれたら、Oh, it was a bear.（いや～、もうたいへんだった）と答えることができます。

　こうしたネイティブ御用達のフレーズは、既刊の『絶対使えるカジュアルイングリッシュ』（Jリサーチ出版）にたくさん載せていますので、興味のある方は参考にしてみてください。

Chapter 3

超カンタン 3語フレーズ

3語フレーズになると、表現もぐんと多彩になります。会話の中で自分の思い・感情を伝えたり、相手を励ましたり、忠告したり、いろいろなことができます。

Happy new year!

CDトラック
UNIT 25 ▶ Track 21
UNIT 48 ▶ Track 44

UNIT 25 あいさつ①

3語のあいさつには標準的なフレーズがたくさんあります。ここで紹介するものは誰に使っても大丈夫な表現です。まず言えるかどうかトライしてみましょう。

1 元気ですか。

ヒント How're ____ ____?
「あなたはどうしていますか」と聞きます。

2 とっても元気です。

ヒント I ____ ____.
「文句は言えません」と言います。

3 あなたはいかがですか。

ヒント How ____ ____?
「あなた自身についてはどうか」と聞きます。

4 元気かい？

ヒント What's ____ ____?
go を変化させて使います。

5 お会いできてよかったです。

ヒント Nice ____ ____.
meet を変化させて使います。

超ミニフレーズのカギ

あいさつは一連の流れです。相手に話しかけられたら、こちらもその場に合った言葉で返さないといけません。How're you doing? を覚えたら、I can't complain. や Fine、I'm good. なども一緒に覚えておいて、口慣らしをしておくといいでしょう。

CD 21

How're you doing?

[ハワユ**ドゥ**ーイン ↘]

How are you? のくだけた言い方です。試着室の中で着替えているお客さんに店員さんが「いかがですか」と聞くような場面でも使えます。

I can't complain.

[アイ**キャ**ーン(トゥ)クンプ**レ**イン]

トーンによっては「まあまあです」という意味にもなります。Fine. や I'm good. の代わりに使ってみましょう。complain は「文句を言う」という意味です。

How about yourself?

[ハウバウチョー**セォ**フ ↘]

「元気ですか」と聞かれ、「元気ですよ」と言った後で、「あなたは?」と聞き返すのが英語では礼儀です。How about you? や And you? でもOKです。

What's going on?

[**ワ**ッツゴウインゴーン ↘]

これもカジュアルなあいさつのひとつです。突然の出来事について「何事?」と言いたいときにも使えます。

Nice meeting you.

[**ナ**イスミーリンギュー]

初対面の人との別れ際に使うひと言です。初対面のあいさつには Nice to meet you.（はじめまして）を使います。

UNIT 26 あいさつ②

あいさつはコミュニケーションをスムーズにします。自分から積極的に声をかけてみましょう。相手からのあいさつへの応答も意識しましょう。

1 調子はどう？

ヒント How's ____ ____ ?
「物事（it）はどう進んで（行って）いますか」と考えます。

2 相変わらずです。

ヒント Same ____ ____ .
「いつもと同じ」と言います。

3 お会いしたことがありますか。

ヒント Have ____ ____ ?
現在完了の疑問文にします。

4 お疲れ様でした。

ヒント See ____ ____ .
「明日会いましょう」と言います。

5 よいお年を！

ヒント Happy ____ ____ !
「あけましておめでとう!」と同じ表現です。

超ミニフレーズのカギ

あいさつ表現は、相手と場面で使い分けましょう。How's it going? のようなカジュアルな表現も覚えておくと幅が広がります。また、You look familiar. と言えば、「あなたに見覚えがあります」という意味です。出くわした人の名前が思い出せないときに使います。

How's it going?

[**ハウ**ズィッ**ゴ**ウイン ↘]

友達などに使うカジュアルなあいさつ表現です。How's と it をつないで発音し、it の t の音は小さな「ッ」のようになり、ほとんど聞こえません。

Same as usual.

[**セ**ィムアズ**ユ**ージュォ]

「調子はどうですか」と聞かれ、特に変わったことがなければ、こう言ってみましょう。as usual は「いつものように」という意味です。

Have we met?

[**ハ**ヴウィ**メ**ッ(トゥ) ↗]

どこかで会ったような気がするけれども誰か思い出せないときに使う表現です。沈黙することなく、思い切って声をかけてみましょう。

See you tomorrow.

[**ス**ィーユートゥ**モ**ーロウ]

仕事を終えて退社する際に言う「お疲れ様でした」は、英語にはぴったりした表現がありません。英語では「また明日会いましょう」と言うといいでしょう。

Happy New Year!

[**ハ**ピ**ニュ**イァ]

Happy New Year! は「あけましておめでとう!」の他に、Have a happy new year! (良い年をお過ごしください) の省略形なので、年末にも使えます。

UNIT 27 話しかける

ひと言話しかけることで、相手は親しみを感じるものです。ここではそんなミニフレーズを練習してみましょう。

1. あのね。
ヒント: _____ _____ what?
「あなたは知っている」で始めます。

2. じゃあ、こうしよう。
ヒント: _____ _____ what.
「あなたに話す」で始めます。

3. 寒くなってきましたね。
ヒント: It's _____ _____.
get（～になる）を変化させます。

4. はい、着きましたよ。
ヒント: _____ we _____.
「私たちはここにいる」と発想します。

5. お座りください。
ヒント: Have _____ _____.
「座席を持つ」と考えます。

超ミニフレーズのカギ

会話をリードするには自分から積極的に話しかけることです。相手が先に話しかけると、いつも答え役に回らなければなりません。こちらから質問したり話題を提供したりすれば、相手はそれに答える流れになり、比較的楽に会話を進められます。

You know what?

[ユノウ**ワッ**(トゥ)↗]

話をする前に、「あのね」「実はね」と前置きするひと言です。「私が今から話すことがあなたは (you) 何か (what) わかる (know) ?」ということです。

Tell you what.

[**テォユー**ワッ(トゥ)]

相手に考えを伝える前に言うひと言です。「あのね」「ねえ、聞いてよ」「いい考えがある」という場合でも使えます。tell の前には I'll が省略されています。

It's getting cold.

[イッツ**ゲ**リン**コ**ウォドゥ]

話題が見つからないときに、天気の話をするのは日本語も英語も同じです。もしこう言われたら、It sure is.（本当ですね）と返してみましょう。

Here we are.

[**ヒ**ァウィ**ア**ー]

案内する場所に着いたときに言うひと言です。Here you are. は、「はいどうぞ」と人に何かを手渡すときに使う表現です。間違わないように注意しましょう。

Have a seat.

[ハヴァ**スィ**ーッ(トゥ)]

例えば、人が部屋に入ってきて会話に入る前に、笑顔で言ってあげる表現です。もちろん、Sit down. でもOKです。Grab a seat. とも言います。

UNIT 28 気持ちをはっきりと

待ち遠しい、本気だ、気の毒だなどという思いを相手に伝えるフレーズです。
短いひと言で自分の気持ちが伝わります。

1 待ち遠しいな。
ヒント I ___ ___.
「待てない」と言います。

2 本気です。
ヒント I ___ ___.
「私はそれを意味している」と言います。

3 あ〜、びっくりした。
ヒント You ___ ___.
「あなたは私を怖がらせた」と言います。

4 もう我慢できない。
ヒント I ___ ___.
「私は抵抗できない」と言います。「抵抗する」は resist です。

5 何ともお気の毒です。
ヒント What ___ ___!
「恥」という名詞を使います。

超カンタン**3**語フレーズ

超ミニフレーズの**カギ**

日本語とは違い、英語ではI mean it.やYou scared me.のように、主語と動詞をしっかり使って表現します。また、それぞれ「私はそれ（私が言ったこと）を意味する」や「あなたは私をびっくりさせた」のような、英語の本来の意味も押さえておきましょう。

CD 24

Chapter 1 2 3 4 5

I can't wait.

[アイ**キャ**ーン(トゥ)**ウェ**イッ(トゥ)]
待ち遠しいという気持ちを、「もう待てない」と言って強調します。can'tのtの音はあまり聞こえません。canよりも強く発音してcanと区別します。

I mean it.

[アイ**ミ**ーニッ(トゥ)]
「冗談で言っているわけではありません」と、自分の言ったことに関して真剣であることを強調するための表現です。

You scared me.

[ユー**スケ**アドゥミー]
例えば、暗い場所で急に人に声をかけられてびっくりしたときに、その人に向かって言うひと言です。英語では「あなたが私をびっくりさせた」と考えます。

I can't resist.

[アイ**キャ**ーン(トゥ)リ**ズ**イストゥ]
例えば、甘いものを控えているのに、美味しそうなケーキを目の前にして「食べたい！ もう我慢できない!」と言いたいときに使えるひと言です。

What a shame!

[**ワ**ラ**シェ**ィム]
人に不幸な出来事があったときなど、その人に対して「ひどい話だ」と気の毒だという思いを強調して言う表現です。「それは残念だ」という意味もあります。

UNIT 29 気づかう

気づかったり、注意を促したりするときに使うフレーズです。ちょっとしたひと言を発することがコミュニケーションには大切です。

1. 足元に気をつけて。

ヒント: _____ _____ step.
「足元を見なさい」と言います。

2. 無理するなよ。

ヒント: Take _____ _____.
「簡単な」という意味の単語を使います。

3. 大丈夫ですか。

ヒント: Are _____ _____?
「あなたは大丈夫ですか」と聞きます。

4. 何を悩んでいるの？

ヒント: _____ bothering _____?
「何があなたを悩ませているのか」と発想します。

5. おつりは取っておいてください。

ヒント: Keep _____ _____.
「変化」「変える」という意味の単語を使います。

超カンタン3語フレーズ

超ミニフレーズのカギ

watch は「注意してみる」「見守る」という意味です。Watch your step. は「足元に気をつけて」、Watch your head. は「頭上に気をつけて」、Watch your weight. は「体重が増えないように気をつけて」となります。

Watch your step.

[ワッチョーステップ]

階段や暗い場所を歩いているときに、相手に注意を促すひと言です。段差など歩行に危ないところがあればこう言ってあげましょう。

Take it easy.

[ティキリーズィー]

「じゃあ」というような別れ際の言葉としてよく使います。「むきになるなよ」という意味もあります。

Are you OK?

[アーユーオゥケイ↗]

相手がふさぎこんでいるときや、ケガをして痛みをこらえているときなどに気づかって言うひと言です。

What's bothering you?

[ワッツボダリンギュー↘]

bother は「(人を) 悩ませる」という意味です。日本語では「(人が) 悩む」と言いますが、英語では「物事が人を悩ませる」と発想します。

Keep the change.

[キープダチェインヂ]

例えば、タクシーを降りるときに、お客さんが運転手さんに「おつりはチップとして取っておいて」と言う場合のひと言です。change は「小銭」「おつり」です。

UNIT 30 好ましい気持ち

相手の依頼を快諾したり、楽しい気持ちや安堵の感情を表したりするフレーズです。感情をこめて練習するようにしましょう。

1. 喜んで。

ヒント I'd ___ ___.
「愛する」という動詞を使います。

2. 楽しそうですね。

ヒント Sounds ___ ___.
「楽しいこと」という名詞を使います。

3. わくわくする。

ヒント I'm ___ ___.
「興奮している」という意味の単語を使います。

4. あ〜、ほっとした！

ヒント ___ ___ relief!
「何と〜だ!」という感嘆文で言ってみましょう。

5. それは私のお気に入りです。

ヒント That's ___ ___.
「お気に入り」という名詞は「気に入っている」という形容詞と同じです。

超カンタン**3**語フレーズ

超ミニフレーズのカギ

英語で好ましい気持ちを伝えるには、言葉とともに表情やトーンがとても大切になってきます。無表情だったり声が平坦だったりすると、英語では感情が伝わりにくくなります。視線を合わせて笑顔で話しましょう。

CD 26

I'd love to.

[**ア**イドゥ**ラ**ヴトゥ]

Would you help me?（手伝ってもらえませんか）などと、人に何かを頼まれて快く引き受けるときのひと言です。

Sounds like fun.

[**サ**ウンズライク**フ**ァン]

「（あなたが言ったことは）楽しいこと（fun）のように聞こえる」で、like は「〜のように」という意味です。sounds の前に It が省略されています。

I'm so excited.

[**ア**イム**ソ**ウイク**サ**イティドゥ]

excited は「人がわくわくしている」気持ちを表す言葉です。物事が主語のときには The game was exciting. と、exciting を使います。

What a relief!

[ワラリ**リ**ーフ]

心配していたことが無事解決したときに使うひと言です。relief は「安堵感」とか「安心」という意味です。「何と安心したことか!」ということですね。

That's my favorite.

[**ダ**ッツマイ**フェ**イヴァリッ(トゥ)]

例えば、食べ物や音楽、本など、自分が好きなものを表現するのに便利なひと言です。

UNIT 31 ポジティブな言葉①

相手にポジティブな反応を返すフレーズです。どんなときに使うかをイメージしながら練習しましょう。

1. 放っておきなよ。

ヒント Let ____ ____.
「行く」という動詞を使います。

2. 決まり！

ヒント It's ____ ____!
「取引」という意味の単語を使います。

3. 必ず行くよ。

ヒント I'll ____ ____.
「私はそこにいるだろう」と発想します。

4. そうこなくちゃ。

ヒント Now ____ ____.
talk を変化させて使います。

5. すべて順調です。

ヒント Everything's ____ ____.
「すべてコントロールできている」と言います。

超カンタン3語フレーズ

超ミニフレーズのカギ

ポジティブな内容を伝えるのですから、表現が単調になってはいけません。例えば、『アナと雪の女王』で流行語大賞ノミネートの「レリゴー」（Let it go.）も [**レリッゴウ**] です。強く発音するところを確認しましょう。go は [ゴー] と伸ばさず [ゴウ] と発音しましょう。

CD 27

Let it go.

[**レリッゴウ**]

悩んでいる人に「放っておきなよ」とアドバイスするひと言です。「そのままにしておく」から、映画『アナと雪の女王』では「ありのままで」と訳されています。

It's a deal!

[**イッツァディーォ**]

例えば、友達と相談をしていて、結論に達したときに使えるひと言です。「それで取引成立です!」と考えます。

I'll be there.

[**アィォビデア**]

パーティーなどに誘われて、「喜んで行くよ」と出席することを伝えたいときに便利です。th は上下の歯と舌を摩擦させる発音です。

Now you're talking.

[**ナゥヨートーキン**]

相手を説得した後、何とか応じてもらえたときに、「やっとそう言ってくれたね」「やっとわかってくれたね」という意味で使うひと言です。

Everything's under control.

[**エヴリスィンズァンダークントゥロウォ**]

「すべてがコントロールのもとにある」、つまり「順調に進んでいる」「何も心配することはない」ということです。

UNIT 32 ポジティブな言葉②

自分のポジティブな感情を伝えるフレーズです。英語らしい言い回しもあるので、使い方もチェックしておきましょう。

1 そうだといいね。

ヒント I ___ ___.
「そうであること」の「そう」は英語でも so です。

2 なつかしいなあ。

ヒント ___ ___ days.
「良い古い日々」と考えます。

3 あとのお楽しみ。

ヒント Wait ___ ___.
楽しみは「待って見てみよう」と考えます。

4 いつもの君でいいんだよ。

ヒント Just ___ ___.
「あなた自身でいなさい」と言ってみましょう。

5 感動した！

ヒント I ___ ___!
英語では「感動させられた」という受動態で表現します。

超ミニフレーズのカギ

英語独特の発想に慣れましょう。「なつかしいな」も「なつかしい」という形容詞を使わずに「古き良き時代（Good old days.）」（英語では「良き古き」という語順）と言えば事足ります。感情を込めて表現することを忘れずに。

I hope so.

[アイ**ホゥ**プソウ]

例えば、「明日は晴れるかな」と問われ、「晴れればいいね」と返したいときに使える表現です。「残念ならがそう思います」は、I'm afraid so. です。

Good old days.

[**グ**ドゥ**デ**ィズ]

例えば、自分の子供の幼い頃の写真を見ながら、「小さい頃は可愛かったなあ」となつかしむときのひと言です。英語では「良き古き時代」という語順です。

Wait and see.

[**ウェ**ィ(ア)ン**スィ**ー]

「あとのお楽しみ」や「なるようになるさ」と言いたいときに便利な表現です。いずれにしても「しばらく状況を見てみよう」ということですね。

Just be yourself.

[**ジャ**スビヨー**セ**ォフ]

「無理するな」「落ち着いて君らしくやりなさい」ということです。物事が上手くいっていなかったり、落ち込んでいたりする人を励ます表現でもあります。

I was impressed!

[アイワズインプ**レ**ストゥ]

impress は「〜を感動させる」という他動詞です。英語では「何かに感動させられる」と考えます。

UNIT 33 ネガティブな言葉①

失望、疑念、断りなど、ネガティブに返す言葉を練習しましょう。相手の気持ちを考えながら使うのがポイントです。

1 そんなこと、どうだっていいよ。

ヒント I _____ _____.
「気にする」という動詞を使い否定文にします。

2 がっかりしました。

ヒント I _____ _____.
「失望させる」という他動詞を受動態で使います。

3 遠慮させてもらいます。

ヒント I'd _____ _____.
「むしろそうしたくない」と発想します。

4 それはどうかな。

ヒント I _____ _____.
「私はそれを疑う」と言います。

5 彼女はとてもお天気屋さんです。

ヒント She's _____ _____.
mood（気分、ムード）を変化させて使います。

超ミニフレーズのカギ

日本語は主語・目的語をはっきり言わないことが多いのに対して、英語では基本的にどちらもしっかり言います。例えば、「それはどうかな」は I doubt it. で、直訳すれば「私はそれを疑う」と表現します。it を忘れずに。

I don't care.
[アイドゥンケア]
人の質問に対して、自分はあまり興味・関心がないことを表すときに使います。言い方によってはぶっきらぼうに聞こえることもあるので注意しましょう。

I was disappointed.
[アイワズディスアポインティドゥ]
コンサートや試合などが期待外れだったときに使うひと言です。英語では受動態にして「がっかりさせられた」と表現します。

I'd rather not.
[アイドゥラダーナッ(トゥ)]
勧められたり、誘われたりしたときに、「私はやめておきます」「私はそうしたくありません」と断るときに使える表現です。

I doubt it.
[アイダウリッ(トゥ)]
相手が聞いてきたことに対して、「さあ、どうかな」「疑わしいね」「そうは思わない」と言うときに使います。I don't think so. とも言えます。

She's so moody.
[シーズソゥムーディー]
日本語で使う「ムーディー」は和製英語で、「甘美でムードのある」という意味で使いますが、英語の moody は「気分が変わりやすい」という意味です。

UNIT 34 ネガティブな言葉②

ネガティブな3語フレーズをもう少し練習しましょう。感情を表すには形容詞や過去分詞を上手に使うことがポイントです。

1. 残念ながらそう思います。

ヒント I'm ____ ____.
「〜を恐れて」という意味を持つ形容詞を使います。

2. よくわかりません。

ヒント I'm ____ ____.
「確信している」という意味の形容詞を使います。

3. ショックでした。

ヒント I ____ ____.
他動詞の shock を受動態で使います。

4. 申し訳ない気持ちです。

ヒント I ____ ____.
「罪のある」という意味の形容詞を使います。

5. こんがらがってきた。

ヒント I'm ____ ____.
「混乱させる」という意味の他動詞の過去分詞を使います。

超ミニフレーズのカギ

I was shocked. や I'm getting confused. など、受動態〈be ＋ 過去分詞〉での表現の仕方に慣れましょう。「がっかりした」は I was disappointed.、「わくわくする」は I'm excited. です。それぞれ、人が「がっかりさせられた」、「わくわくさせられた」という発想です。

I'm afraid so.

[**アイム**アフ**レ**イッ(ドゥ)**ソ**ウ]

「そう思います」という普通の言い方は I think so. で、いいことを思うときは I hope so.、悪いことを思うときは I'm afraid so. です。

I'm not sure.

[**アイムナッショ**ー(ァ)]

たずねられた質問に対して、明確な答えが見つからないときに返すひと言です。I don't know. とも言えます。

I was shocked.

[**ア**イワズ**ショ**ックトゥ]

shock は「〜にショックを与える」という意味の他動詞です。英語では「私はショックを与えられた」という受動態で表現します。

I feel guilty.

[**ア**イフィーォ**ギ**ォティー]

人に「何か悪いことしちゃったね」などと言いたいときのひと言です。guilty は「罪のある」「有罪の」という意味で、「罪があるように感じる」というわけです。

I'm getting confused.

[**ア**イムゲリンクン**フュ**ーズドゥ]

confuse は「〜を混乱させる」という他動詞です。I'm confused. は頭が混乱している状態で、getting を使うと「頭が混乱しつつある」という意味です。

UNIT 35 ほめる

相手をほめたり、たたえたりするフレーズです。喜んでもらえるように、感情を込めて言うようにしましょう。

1 よくやった！

ヒント Good ____ ____ !
「あなたにとって」という意味の語句を付け足します。

2 君は立派だ。

ヒント I ____ ____.
「ほめたたえる」という他動詞 admire を使います。

3 すてきだよ。

ヒント You ____ ____.
splendid を使ってみましょう。

4 あなたはオシャレですね。

ヒント You're ____ ____.
fashion（ファッション）を変化させて使います。

5 あなたはそれに値します。

ヒント You ____ ____.
「〜に値する」は deserve です。

超カンタン3語フレーズ

超ミニフレーズのカギ

「すてき」とほめるために使う形容詞には splendid 以外にも、adorable、charming、lovely などがあります。You deserve it. はほめ言葉でありながら、「君はそれに（その罰に）値する」ということから「自業自得だ」という意味でも使えます。

Good for you!

[**グッ**フォ**ユー**]

例えば、「テストで満点を取った」とか「試合に勝った」など、相手が何かを成し遂げたことに対して、ほめてあげるひと言です。

I admire you.

[**アイ**アドゥ**マイ**アユー]

相手のすばらしい行為について「立派ね」とか「さすがね」とほめてあげる表現です。英語では、文字どおり、「私はあなたをほめたたえます」と言います。

You look splendid.

[**ユー**ルックスプ**レン**ディドゥ]

splendid（すてきな）のような形容詞の前に look を使うと「～に見える」という意味になります。「あなたはすてきに見える」と言っているわけです。

You're so fashionable.

[ユァ**ソ**ゥ**ファ**ッショナボォ]

fashion は「ファッション」「流行」という意味なので、その形容詞は「オシャレな」となります。fashionable の fa は「ファ」と「フェ」の間の音です。

You deserve it.

[**ユー**ディ**ザー**ヴィッ(トゥ)]

昇進や大学合格など何かを達成した人に「あなたがそうできたのは当然です」とほめるひと言です。deserve の se [ザ] は口をあまり開かずに発音します。

UNIT 36 気持ちを伝える

感謝や同意、別れのひと言など、気持ちを相手に伝えるためのフレーズです。
おなじみのものでも口をついて出るように練習しておきましょう。

1 そう思います。
ヒント I ____ ____.
「思う」「考える」という意味の動詞を使います。

2 それ大好き！
ヒント I ____ ____ !
「〜を愛している」という意味の動詞を使います。

3 あなたがいなくなると寂しいよ。
ヒント I'll ____ ____.
「〜がいなくて寂しく思う」という意味の miss を使ってみましょう。

4 どうもありがとう。
ヒント Thanks ____ ____.
「たくさん」という意味の語句を使います。

5 感謝します。
ヒント I ____ ____.
「感謝する」は appreciate を使ってみましょう。

超カンタン3語フレーズ

超ミニフレーズのカギ

love（〜が大好きだ）や miss（〜が［い］なくてさびしく思う）は人と物事の両方を目的語にとることができます。しかし、appreciate（〜に感謝する）は物事を目的語にとり、人を目的語にはとれません。

CD 32

I think so.

[**アイ**スィンクソウ]

think の発音に要注意です。カタカナでは［スィンク］と示していますが、th は上下の歯と舌の摩擦音です。sink (沈む) の発音と比較しながら練習しましょう。

I love it!

[**アイ**ラヴィッ(トゥ)]

love は I love you. など「人を愛する」という意味でよく使いますが、例えば、食べ物や趣味など、物事が大好きな場合にも使えます。

I'll miss you.

[**ア**イォミシュー]

友人や会社の同僚などが、どこか遠いところに引っ越してしまう場合などに、その人との別れを惜しむひと言です。

Thanks a lot.

[**サン**クサ**ラ**ッ(トゥ)]

感謝の気持ちを表す、少しカジュアルな表現です。「たくさん (a lot) ありがとう」というわけですから、「どうもありがとう」となります。

I appreciate it.

[アイア**プリー**シエイリッ(トゥ)]

Thank you. と同様に、感謝の気持ちを伝えるひと言です。thank は「人に感謝する」、appreciate は「人がしてくれたことに感謝する」という意味です。

UNIT 37 体調について

身体のさまざまな状態を表現するフレーズです。日常生活でよく使うものばかりです。

1. 居眠りをしてしまった。

ヒント I _____ _____.
sleep（眠る）の形容詞（眠っている）を使います。

2. 体重が増えました。

ヒント I _____ _____.
「体重」はウエイトトレーニングの weight です。

3. ずいぶんよくなりました。

ヒント I _____.
good や well の比較級を使ってみましょう。

4. お疲れのようですね。

ヒント You _____ _____.
「たたく」「打つ」と同じ単語を使います。

5. 酔いがさめてしまった。

ヒント I've _____ _____.
「酔いが覚める」は sober です。

超ミニフレーズの**カギ**

I feel ~. はとても便利な表現です。I feel sick.（具合が悪いです）、I feel a pain.（痛みを感じます）、I feel dizzy.（目まいがします）など、~の部分を入れ替えるだけでさまざまな体調を表せます。また、「居眠りする」は doze off とも言います。

I fell asleep.

[**ア**イフェラス**リ**ープ]

asleep は眠っている状態を表す形容詞。fall asleep は「眠っている状態に陥る」、つまり「居眠りをする」ということです。fell は fall（落ちる）の過去形です。

I gained weight.

[**ア**イゲインドゥ**ウェ**イ(トゥ)]

gain は「得る」という意味です。gain weight で「体重が増える」、lose weight で「体重が減る」となります。weight の前には所有格は不要です。

I feel better.

[**ア**イフィーォ**ベ**ラー]

崩れた体調が徐々によくなっているときに使えるひと言です。better は good と well の比較級で、[ベラー]と[ベルー]の中間くらいの音で発音します。

You look beat.

[**ユ**ールック**ビ**ーィッ(トゥ)]

beat は「たたく」「打つ」という意味でよく使う動詞ですが、ここでは「疲れきっている」という意味の形容詞です。very tired とも言えます。

I've sobered up.

[**ア**イヴ**ソ**ウバー**ダ**ッ(プ)]

sober は「酔いが覚める」という動詞、「酔っていない、しらふの」という形容詞です。「私は酔っていない」は I'm sober. です。

UNIT 38 ひと言付け足す①

コミュニケーションをスムーズにするためにはひと言付け足すことも大切です。
ここではそんなフレーズを練習しましょう。

1. 冗談だよ。

ヒント I'm ____ ____.
kid（冗談を言う）という動詞の形を変化させます。

2. もしよろしければ。

ヒント If ____ ____.
「よろしい」「大丈夫」は OK (okay) です。

3. いとも簡単に。

ヒント Just ____ ____.
「〜のような」という意味の like を使います。

4. 念のため。

ヒント Just ____ ____.
「場合」という意味の名詞を使います。

5. よく考えると…

ヒント ____ ____ thought ...
「よく考える」→「もう1回考える」→「2回目の考え」と捉えます。

超ミニフレーズのカギ

自分が何か言った後にひと言付け足す表現です。付け足すだけで、相手を思いやったり、その場を和やかにしたりすることができます。If that's OK. は相手に対する配慮、I'm just kidding. は堅い空気を取り払うときに便利です。

I'm just kidding.

[アイムジャス(トゥ)**キ**ディン]

冗談を言った後で「冗談だから真剣に受け取らないで」と言うひと言です。just の t の音は消えてしまいがち。kidding の d の音はラ行の音に聞こえることも。

If that's OK.

[イフダッツ**オ**ウケイ]

相手に何かを提案した後、その人の意向を確認するために軽く付け足すひと言です。th の発音は、舌を上下の歯の間に挟み、摩擦させる音です。

Just like that.

[**ジャ**スライク**ダ**ーッ(トゥ)]

指をパチッと鳴らしながら、「そんなことチョチョイのチョイさ」「こんなに簡単にね」と軽く言いたいときのひと言です。

Just in case.

[ジャスティン**ケ**イス]

例えば、「傘を持って行きなさい」と言った後で、「(雨が降るといけないから)念のため」などと付け足す場合に便利です。

On second thought …

[オン**セ**ケン**ソ**ー(トゥ)]

例えば、食べ物を持ち帰りで注文した後、考えが変わって、I'll eat here. (やっぱりここで食べていきます) のように言う前に使うひと言です。

UNIT 39 ひと言付け足す②

ひと言付け足すフレーズをもう少し覚えておきましょう。この UNIT は英語らしい表現が多いので、ニュアンスと使い方もチェックしておきましょう。

1. そうしてもいいね。

ヒント ____ ____ **well.**
may の過去形で始めます。

2. そりゃそうだよね。

ヒント **Should** ____ ____.
完了形〈have ＋ 過去分詞〉を用い「知っているべきだった」と言います。

3. それは残念。

ヒント **That's** ____ ____.
「それは悪すぎる」と言います。

4. まあ、そんな感じかな。

ヒント **Something** ____ ____.
「そのような何か」と言います。

5. もし時間が許せば。

ヒント **If** ____ ____.
「許す」は permit です。

超カンタン3語フレーズ

超ミニフレーズのカギ

might as well は後ろに動詞の原形を使い、We might as well walk.（歩いて行ってもいいよ）のように表現することもできます。「残念ながら〜です」と言うときには、Unfortunately, 〜と、文の前にひと言付け足すと気持ちがうまく伝わります。

Might as well.

[**マイラズウェ**ォ]

人の提案や質問に対して、「せっかくだからそうしようか」と軽く返すひと言です。might と as をつないで [マイラズ] と発音するのがポイントです。

Should have known.

[**シュダヴノウン**]

「そんなこと聞かなくてもわかるじゃないか」と言われ、「そうだよね。聞くまでもなかったよね」と軽く返すときに使います。should の前に I が省略されています。

That's too bad.

[**ダッ**ットゥーバードゥ]

がっかりした気持ちを表すときのひと言です。「残念だったね」のように人を慰める場合にも使います。that's の th は上下の歯と舌の摩擦音です。

Something like that.

[**サ**ムスィンライクダッ(トゥ)↗]

相手から聞かれたことに対して、おおよそ同意したり、明確に答えられずに「まあ、そんなところです」と軽く添えるひと言です。最後は少し上げ調子で発音します。

If time permits.

[イフ**タ**イムパ**ミ**ッツ]

人に誘われたときに「もし時間があれば（そうします）」と言うひと言です。If time allows. とも言います。「都合がよければ」は If your schedule permits. です。

UNIT 40 たずねる

反語的な言い方も含めて、相手に何かをたずねるフレーズを練習しましょう。
疑問詞の使い方を意識しましょう。

1 どう違うの？
ヒント What's _____ _____?
「違いは何?」と聞きます。

2 意味ないじゃない。
ヒント What's _____ _____?
「要点は何?」と聞きます。

3 何をそんなに慌てているの？
ヒント What's _____ _____?
「急ぎ」「急ぐ」という意味の単語を使います。

4 なぜ私が？
ヒント Why _____ _____?
「なぜ私がそうしなければならないのですか」と聞きます。

5 どちら様ですか。（玄関で）
ヒント Who _____ _____?
it を使います。

超カンタン3語フレーズ

超ミニフレーズのカギ

What's the difference between A and B? とすると、「AとBはどう違うの?」という意味になります。なお、Wh- の疑問詞 What、Which、Who、When、Where、Why や How を使ったフレーズは、基本的に下げ調子で発音しましょう。

CD 36

What's the difference?

[ワッツダ**ディ**ファレンス ↘]

「それとこれにはどんな違いがあるの?」と聞くときに使います。「それがどうしたっていうんだ(大きな違いはないじゃないか)」という意味でもあります。

What's the point?

[ワッツダ**ポイ**ン(トゥ) ↘]

「要点(重要点)は何ですか」→「そんな重要点ではないじゃないですか」、つまり「そんなことしても意味ないですよ」ということです。

What's the hurry?

[ワッツダ**ハー**リー ↘]

「その急ぎは何ですか」と聞いているので、「どうしてそんなに急いでいるの?」となります。What's the rush? とか What's the big hurry? とも言えます。

Why should I?

[ワイ**シュ**ダイ ↘]

Why should I go there? (なぜ私がそこに行かなければならないのですか) などの動詞の部分 (go there) が省かれた形です。

Who is it?

[フー**イ**ズィッ(トゥ) →]

玄関のドアをノックされたときに使う表現です。it を使います。電話での「どちら様ですか」は、Who is this? (または May I ask who's calling?) です。

97

UNIT 41 確認する

相手にさまざまなことを確認するためのフレーズです。英語らしい言い回しもあるので、ニュアンスや使い方も押さえておきましょう。

1 それで全部ですか。

ヒント Is ____ ____ ?
「全部」「すべて」= all です。

2 そうなんですか。

ヒント Is ____ ____ ?
「正しい」という意味の形容詞を使います。

3 聞こえますか。(電話口で)

ヒント Are ____ ____ ?
「あなたはそこにいますか」と発想します。

4 何をやってるの？

ヒント What's ____ ____ ?
「場合」「(特別な) 行事」という意味の名詞を使います。

5 確かめてみて。

ヒント Check ____ ____ .
「確かめる」「調べる」は check out です。

超ミニフレーズのカギ

Is that all? を使って、Is that all you want?（あなたが欲しいのはそれで全部ですか）とか、Is that all you have?（あなたが持っているのはそれで全部ですか）と、主語と動詞を後ろに加えて表現することもできます。

Is that all?

[イズダロォ ↗]

いろいろな場面で「他には何かないですか」と確認するひと言です。Is that it? とも言います。「それで全部です」は That's all. または That's it. です。

Is that right?

[イズダッライッ(トゥ) ↗]

人が言ったことについて「それは正しい（right）ですか」と確認するときに使います。軽いあいづちとして使うときは下げ調子で発音します。

Are you there?

[アーユーデア ↗]

電話で話しているときに、相手の声が急に聞こえなくなったり、沈黙が続いたりしたときに、相手がまだ電話口にいるかを確認するためのひと言です。

What's the occasion?

[ワッツディオケイジュン ↘]

例えば、特別な集まりやパーティーに知らずにやって来た人が、「えっ、これって何の集まり?」とか「今日、何をやってるの?」と確認したいときの表現です。

Check it out.

[チェッキラウッ(トゥ)]

「〜を確かめる」と言うときに目的語（〜を）が代名詞（it や them など）なら、check と out の間に目的語を入れます。Check out it. と言わないように。

UNIT 42 命令する・促す ①

相手に命令したり、行動を促したりするためのフレーズです。使う場面を意識しながら練習しましょう。

1. あなたが決めてください。

ヒント You ____ ____.
「名前」と同じ単語を動詞として使います。

2. 取ってきなさい。

ヒント Go ____ ____.
「行ってそれを得る」と発想します。

3. やめてよ。

ヒント ____ ____ out.
「切る」という意味の動詞で始めます。

4. 時計回りに回って。

ヒント Turn ____ ____.
「時計回りに」は clockwise です。

5. 言葉に気をつけて。

ヒント Watch ____ ____.
「言語」という名詞を使います。

超ミニフレーズのカギ

英語では「～してください」の意味で、必ずしも命令文に please を付けるとは限りません。You name it. や Watch your step. など、命令文そのままで言っても失礼になるわけではありません。please を多用すると押しつけがましく聞こえるときもあります。

You name it.

[**ユー**ネイミッ(トゥ)]
物事を決める際に、相手の都合に任せてもいいという場合に使うひと言です。name には「名づける」とか「(日時を) 指定する」という意味があります。

Go get it.

[ゴウ**ゲ**リッ(トゥ)]
例えば、「忘れ物をした」と言った人に対して「取ってきなさい」と言いたいときなどに便利です。本来は Go to get it. ですが、to は省略する傾向にあります。

Cut it out.

[**カ**リ**ラ**ウッ(トゥ)]
人にからかわれたり、嫌な行為をされたりして、それをやめて欲しいときに使うカジュアルなひと言です。Knock it off. [**ナ**ッキ**ラ**ーフ] とも言います。

Turn around clockwise.

[**タ**ーンア**ラ**ウン(ドゥ)ク**ロ**クワイズ]
例えば、人の洋服が似合うかどうかいろいろな角度から見てあげるときなどに使います。「反時計回りに」は anticlockwise [**ア**ンタイク**ロ**ックワイズ] です。

Watch your language.

[**ワ**ッチョー**ラ**ングウィヂ]
汚い言葉を使った人に、その言葉づかいについて戒めるひと言です。UNIT 29 の Watch your step. (足元に気をつけて) と同様の使い方です。

101

UNIT 43 命令する・促す②

命令する・促すフレーズをもう少し練習しましょう。友人や恋人に言ったり、子供に言ったりと、場面も押さえて練習しましょう。

1 放っておいて。
ヒント Leave ____ ____.
「私を一人にしておいて」と捉えます。

2 私と一緒にいて。
ヒント ____ ____ me.
「滞在する」という意味の動詞で始めます。

3 それを拾いなさい。
ヒント Pick ____ ____.
「上に」という意味の副詞を使います。

4 それを下に置きなさい。
ヒント Put ____ ____.
「下に」は up の反対語を使います。

5 怒らないで。
ヒント Don't ____ ____.
「怒っている」という意味の upset を使いましょう。

超ミニフレーズのカギ

pick up や put down のような動詞句で、目的語が it などの代名詞のときは、その代名詞は動詞の直後に置きます。Pick up it. とか Put down it. とはならないので注意しましょう。

超カンタン3語フレーズ

CD 39

Leave me alone.

[リーヴミーアロウン]

例えば、悩んでいるときなど、一人でいたいときに使います。leave は「〜を…の状態のままにしておく」という意味です。

Stay with me.

[スティウィドゥミー]

Leave me alone. の逆で、相手にそばにいてほしいときに使うひと言です。with の th の発音は [ドゥ] と示していますが、舌と上下の歯の摩擦音です。

Pick it up.

[ピッキラッ(プ)]

子供が落とした物に気づかないときなどに使えるひと言です。pick you up と言えば「あなたを拾う」→「あなたを車に乗せる」という意味になります。

Put it down.

[プリッダウン]

例えば、「それを机に置きなさい」など、何か物を置く行為に使います。Pick it up. の逆の行為と言えますが、いずれも動詞と副詞の間に it を入れます。

Don't be upset.

[ドウンビアップセッ(トゥ)]

upset は「怒っている」とか「むしゃくしゃしている」という意味です。My stomach is upset. と言えば、「胃の調子が悪い」という意味になります。

103

UNIT 44 提案する

提案の表現の代表は Let's ～ですが、他にもさまざまな言い方があります。
助動詞の使い方を意識しながら練習しましょう。

1. 割り勘にしましょう。

ヒント Let's _____ _____.
「別々に支払いましょう」と言います。

2. そうしたほうがいいですよ。

ヒント _____ you _____.
「たぶん」「おそらく」という意味の副詞で始めます。

3. やめたほうがいいよ。

ヒント We'd _____ _____.
「～したほうがいい」は had better ('d better) です。

4. 行きましょうか。

ヒント _____ _____ go?
「～しましょうか」は Shall で始めましょう。

5. そうしたらどうですか。

ヒント Why _____ _____?
「あなたはなぜしないのですか」と考えます。

超カンタン3語フレーズ

超ミニフレーズのカギ

提案をするときは、Let's や Shall we、Why don't you の後ろに動詞の原形を使って文を組み立てるのが基本です。自分でさまざまに応用してみましょう。「割り勘にしましょう」は Let's split the bill. という言い方もあります（UNIT 57 参照）。

Let's pay separately.

[レッツ**ペイ セ**パリッ（トゥ）リー]

積極的に提案する場合、let'sはとても便利です。後ろには動詞の原形を用います。「別々に」という意味の副詞は separately を使います。

Maybe you should.

[メイビユー**シュ**ッ（ドゥ）]

should は「〜すべきだ」と辞書に書いてありますが、本来は相手に対して軽く提案するときに使います。Maybe（たぶん）を付けると柔らかく聞こえます。

We'd better not.

[ウィベラ**ナ**ッ（トゥ）]

仲間から提案があったが、「自分たちはそうしないほうがいい」と返すときの表現です。'd better の'd はほとんど発音しません。

Shall we go?

[シャォウィ**ゴウ** ↗]

「私たち、そろそろおいとましましょうか」と仲間にその場から立ち去る提案をする場合に使うひと言です。Time to go.（もう行く時間だよ）とも言えます。

Why don't you?

[ワイドゥン**チュー** ↘]

「なぜしないの?」、つまり「そうしたらどう?」と提案する表現になります。Why don't you call him? は「彼に電話したらどうですか」です。

UNIT 45 言いにくいことを言う①

言いにくいこともしっかり言わなければ、いい人間関係はつくれません。相手の発言に返すことを意識しながら練習しましょう。

1 だめじゃない。
ヒント： _____ _____ you.
「恥」という単語を使います。

2 それはできません。
ヒント：That's _____ _____.
「不可能な」という意味の形容詞を使います。

3 もちろん違うよ。
ヒント：Of _____ _____.
文末に否定語を使います。

4 私もそうではありません。
ヒント：_____ do _____.
「どちらも〜ない」という単語を使います。

5 そうではないんです。
ヒント：It's _____ _____.
this の反対語を使います。

超カンタン3語フレーズ

超ミニフレーズのカギ

neither（…も〜ない）という否定語は英語らしい表現なので、使い方に慣れるまで何度も練習しましょう。I'm not tired.（私は疲れていません）に対して「私も疲れていません」と応答するときには Neither am I. と言います。

Shame on you.
▶ [**シェィ**モンユー]
例えば、相手が間違いをおかしたり、忘れ物をしたりしたときなどに、「困った人だ」と軽い気持ちや冗談めかしてその人をたしなめるひと言です。

That's not possible.
▶ [ダッツナッ**パ**スィボォ]
「できない」という意味で That's difficult.（それは難しいです）と日本語感覚で言うと、英語では「難しいけれどもできる」という意味になってしまいます。

Of course not.
▶ [オフ**コ**ースナッ(トゥ)]
「行くんですか」と聞かれても「行かないんですか」と聞かれても日本語では「もちろん」と答えますが、英語では否定で答えるときは not を付けます。

Neither do I.
▶ [ニーダードゥー**ア**イ]
否定文で I don't like milk.（ミルクは好きではありません）と言われ、「私も好きではありません」と言うときに使います。肯定文に対しては、So do I. です。

It's not that.
▶ [イッツナッ**ダ**ッ(トゥ)]
例えば、「仕事のことで悩んでいるの?」と聞かれ、「いや、悩んでいるのはそんなことじゃないんだ」と返すひと言です。

UNIT 46 言いにくいことを言う②

言いにくいことを言うフレーズをもう少し練習しましょう。英語らしい表現が多いので、ニュアンスを理解して覚えましょう。

1. 人のことは言えないでしょう。
ヒント：You ___ ___.
「話す」という動詞を使います。

2. またダメだ！
ヒント：Just ___ ___!
「運」と言う意味の名詞を使います。

3. 失敗しちゃった。
ヒント：I ___ ___.
blow（吹く）の過去形を使います。

4. そんなことしても無駄だよ。
ヒント：It's ___ ___.
「役に立つこと」という意味の名詞 use を使います。

5. 私たちは予定よりも遅れています。
ヒント：We're ___ ___.
「予定」は schedule を使ってみましょう。

超カンタン3語フレーズ

超ミニフレーズのカギ

Just my luck! には、My luck's run out.（運が向いてないです）、I blew it. には、I messed up.（しくじった）という別の言い方もあります。

You should talk.

[ユーシュットーク]
自分のことは棚に上げて人の非難をする人に対して、「あなたにそんなことは言われたくないですね」とか「それはあなたでしょう」と言うときのひと言です。

Just my luck!

[ジャスマイラック]
運が悪いことが繰り返して起こったときに、「まただよ、まったく!」とか「またしてもだめか!」などと言いたいときの表現です。Just の t の音は消えがちです。

I blew it.

[アイブルーイッ（トゥ）]
仕事などで上手くいかないことがあって、「しくじった」などと言いたいときのカジュアルな表現です。blew は blue（青）と同じ発音です。

It's no use.

[イッツノゥユース]
人の提案に対して、「それは役に立つことではない」、つまり「無駄だ」と考えます。use（使う）は動詞では［ユーズ］、名詞では［ユース］と発音します。

We're behind schedule.

[ウィアビハイン（ドゥ）スケジューォ]
behind は「〜の後ろ」という意味です。「私たちは予定の後ろにいる」、つまり、「予定よりも遅れている」ということですね。「予定通り」は on schedule です。

UNIT 47 オフィスで話す

仕事で話すのに便利な3語フレーズです。どれもよく使うものばかりなので、しっかり練習しましょう。

1. 彼女は休暇中です。

ヒント She's ____ ____.
「休暇」は leave を使ってみましょう。

2. 残業でした。

ヒント I ____ ____.
「時間外に」という意味の副詞 overtime を使います。

3. それは今日が締め切りです。

ヒント It's ____ ____.
「提出期限がきている」は due です。

4. 調べてみます。

ヒント Let ____ ____.
「調べる」は check を使ってみましょう。

5. 私にも情報をください。

ヒント Keep ____ ____.
「情報を与える」「通知する」は inform です。

超ミニフレーズのカギ

She's on vacation.と言うと長期休暇をイメージしてしまうので、1～2日の休暇は on leave を使いましょう。Keep me informed. は「私を情報が与えられた状態にしておいて」→「私にも情報をください」と発想します。

She's on leave.

[シーゾンリーヴ]

on leave で「休暇で休んでいる」という意味です。「傷病休暇」は sick leave、「年次休暇」は annual leave、「忌引休暇」は mourning leave と言います。

I worked overtime.

[アイワークトゥオウヴァタイム]

英語では「残業する」は、work overtime と言います。「時間外に働く」→「残業する」ということです。work の［ワ］は口をあまり開けずに発音します。

It's due today.

[イッツデュートゥデイ]

due は締切や期限を表します。「レポートは来週月曜日が締め切りです」は The paper is due next Monday. です。「支払い期日」は the due date です。

Let me check.

[レッミーチェック]

例えば、同僚や上司に質問をされ、即答できない場合などに使える表現です。〈Let me + 動詞の原形〉で「私が～しておきましょう」という意味です。

Keep me informed.

[キー(プ)ミーインフォームドゥ]

「情報が得られたら、絶えず私にもその情報を回してください」と言いたいときの表現です。inform の過去分詞 informed を使います。

UNIT 48 励ます

3語フレーズの最後は相手を励ます表現の数々です。覚えておけば、仕事、スポーツ、勉強と、さまざまな場面で使えるものばかりです。

1 がんばれ！

ヒント **Go ____ ____!**
「それ（目標）のために進む」と考えます。

2 あと一息だ。

ヒント **You're ____ ____.**
「あなたはほとんどそこまで来ている」と言います。

3 しっかりして。

ヒント **____ ____ together.**
「引っ張る」という意味の動詞で始めます。

4 その調子でがんばって。

ヒント **Keep ____ ____.**
down の反対語を使います。

5 最後まであきらめるな！

ヒント **Stick ____ ____!**
「それ（目標）にくっついて離れない（stick）」というイメージで捉えます。

超カンタン3語フレーズ

🔑 超ミニフレーズのカギ

励ますひと言は、感情を込めて表情豊かに話すことがポイントです。3語フレーズではほかに、Hang in there!（あきらめないで!）、Way to go!（よくやった!）、That's what counts.（それが大切なんだ）などもよく使う表現です。

Go for it!

[ゴウフォイッ（トゥ）]

目標に向かって努力している人に「がんばって!」とか、試合に出る選手たちに「行け!」と激励する表現です。「当たってくだけろ」というイメージです。

You're almost there.

[ヨーオーモウスッデア]

もう少しで目標が達成できる人を励ますときに使います。「ほとんど（almost）そこ［目標］（there）まで来ているから、がんばれ」と考えます。

Pull yourself together.

[プォヨーセォフトゥゲダー]

落ち込んでいる人に「気を取り直して」と励ますひと言です。「あなた自身（yourself）を一緒に（together）引っ張り上げなさい」というイメージです。

Keep it up.

[キーピラッ（プ）]

何かに一生懸命取り組んでいる人に、「努力を怠らずそのままがんばって」と励ますひと言です。「そのまま努力を続けてよい状態をキープする」と考えます。

Stick to it!

[スティッ（ク）トゥイッ（トゥ）]

仕事などで困難に直面している人に「最後までがんばれ!」と励ますひと言です。stickは「くっついて離れない」で、「困難にくらいついてがんばれ!」となります。

ミニフレーズ大活躍❸

英語にも
謙譲の表現はある！

　英語は日本語に比べて、はっきりと思いを伝えることが多いのですが、やはり自慢めいた話し方は悪い印象を与えかねません。

　例えば、**You speak English so well.**（英語が上手ですね）と言われたら、**Thank you. I'm still trying.**（ありがとうございます。今以上に上手になれるように努力しています）と、ひと言添えることによって謙虚さを表すことができます。

　You're a successful businessman.（あなたは実業家として成功されましたね）に対しては、**Well, not quite yet.**（いや、まだまだですよ）と短く返すことができます。

　ひと工夫するだけで、謙虚で感じのいい話し方になるのです。

Chapter 4

超カンタン 4語フレーズ

4語フレーズは具体的な役割がはっきりしたものが増えます。どんな場面で使えばいいかを意識しながら練習しましょう。音のつながりや、強弱のつけ方など、発音にも注意しましょう。

This is for you.

CDトラック	UNIT 49 ▶ Track 45
	UNIT 74 ▶ Track 70

UNIT 49 あいさつ（出会い）

4語フレーズは、人に会ったときのあいさつからスタートしましょう。さまざまな場面でよく使う言葉ばかりです。

1. お会いできて嬉しいです。

ヒント Nice ____ ____ you.
「会う」は meet を使い、to 不定詞の形で言ってみましょう。

2. 調子はどうですか。

ヒント How's ____ ____ you?
「全てはどうですか」と聞きます。

3. 久しぶりですね。

ヒント Long time ____ ____.
「長い時間会っていませんね」と言います。

4. 休暇はどうでしたか。

ヒント How ____ ____ ____?
「休暇」は vacation です。

5. お待たせしました。

ヒント Thank you ____ ____.
「待ってくれてありがとう」と発想します。

超ミニフレーズのカギ

Nice to meet you. などの初対面のあいさつの後は、I've heard a lot about you.（お噂はうかがっております）などがお決まりの流れです。これに対して Only good things, I hope.（いいことだけならいいのですが）と冗談めかして返せば、雰囲気が和みます。

Nice to meet you.

[**ナイ**ストゥ**ミー**チュー]

初対面の人にはまずこう言ってみましょう。Nice to meet you, too.（こちらこそ）と返します。笑顔を忘れずに!

How's everything with you?

[**ハウ**ゼヴリスィンウィドゥ**ユー** ↘]

How are you? などの代わりによく使うあいさつです。「あなたの身の周りの全てのことはどうですか」ということです。How's everything? だけでもOKです。

Long time no see.

[**ロン**(グ)**タイム**ノゥ**スィー**]

久しぶりに会った人へのひと言です。「久しぶり」は他に It's been a long time. や I haven't seen you for ages. や Good to see you again があります。

How was your vacation?

[**ハウ**ワジョァヴェイ**ケイ**シュン ↘]

休暇から戻ってきた友達や同僚にこう聞いてみましょう。聞かれた側は、It was great! I went to the beach every day. などと答えます。

Thank you for waiting.

[**サン**キューフォー**ウェ**イリン]

日本語では「お待たせしました」となるところを、英語では待ってもらったことに対して感謝の意を伝えます。for の後ろの動詞は動名詞〈~ing〉にしましょう。

UNIT 50 あいさつ（お別れ）

話し相手と別れるときも好印象を残したいもの。そんなときに使えるフレーズです。4と5はおいとまを切り出すときに便利な表現です。

1 いってらっしゃい。

ヒント Have a ____ ____.
「よい一日を持ちなさい」と考えます。

2 よい週末を。

ヒント Have a ____ ____.
「週末」は weekend です。

3 お話しできてよかったです。

ヒント Nice ____ ____ you.
Nice の後ろは〜ing 形です。

4 もうおいとましないと。

ヒント I should ____ ____.
「私は行くべきだ」と考えます。get を使います。

5 では、このへんで。

ヒント I'll let ____ ____.
「私はあなたを行かせる」と発想します。

超カンタン**4**語フレーズ

超ミニフレーズのカギ

会話を楽しみながら、頃合いを見計らって別れの言葉を切り出すのは気を使うものです。夕方のお別れは、Have a nice evening.、夜のお別れは、Have a nice night. と言いましょう。夜はもちろん Good night. でもOKです。

CD 46

Have a good day.

[ハヴァグッ**デイ**]

「いい一日をお過ごしください」ということですから、日本語で言うと「いってらっしゃい」にも当たります。こう言われたら You, too. と返しましょう。

Have a nice weekend.

[ハヴァナイス**ウィ**ーケン(ドゥ)]

週末前、金曜日の仕事帰りや学校帰りの別れ際のひと言です。この場合も You, too. と返します。同様に、「よいご旅行を」は Have a nice trip. です。

Nice talking with you.

[ナイス**ト**ーキンウィドゥユー]

たまたま出くわした人と会話になり、「それでは」とお別れをするときに使います。Nice meeting you.（お会いできてよかったです）と言うこともできます。

I should get going.

[アイシュッ**ゲッゴ**ウイン]

人との会話が一段落ついた後、自分が立ち去る合図をするひと言です。should の d と get の t の発音は小さな「ッ」のようになりほとんど聞こえません。

I'll let you go.

[アイレッチュー**ゴ**ウ]

会話をしていて、相手が忙しいかもしれないと思ったり、自分がもう行かないといけないと思ったときに出すお別れのサインです。電話を切る前にも使えます。

UNIT 51 ほめる

相手をほめるフレーズを練習しましょう。4語になると、自在な言い回しができるようになります。

1 それはいい考えですね！

That's a ___ ___!
「考え」は idea を使いましょう。

2 君のことが誇らしいよ。

I'm ___ ___ you.
「誇りに思う」は proud を使います。

3 あなたは料理が上手ですね。

You're a ___ ___.
「上手な料理人」と表現します。

4 それは重要な点ですね。

That's an ___ ___.
「重要な」は、ここでは excellent を使ってみましょう。

5 君、完璧だね！

You've ___ it ___!
「それを全部持っている」というイメージで捉えます。

超カンタン**4**語フレーズ

超ミニフレーズのカギ

good、great、excellent、proud など、キーになる形容詞を覚えておくと、話しやすくなります。簡単に I like を使って、I like your earrings.（あなたのイヤリング、すてきですよ）と言うこともできます。

CD 47

That's a great idea!

[ダッツァグ**レイッ**(トゥ)アイ**ディ**ア]

相手が何かを提案したときに、積極的にそれに賛成するときのひと言です。great の代わりに good を使うこともできます。また、Great idea! でもOKです。

I'm proud of you.

[アイムプ**ラ**ウダヴユー]

例えば、子供がテストでいい点数を取ってきたときに、親が子供を笑顔でほめるひと言です。英語では、友達同士でも家族内でも、相手をよくほめます。

You're a good cook.

[ユア**グ**ッ(ドゥ)**ク**ック]

「～が上手ですね」を、英語ではよく「上手な～ですね」と言います。「水泳が上手ですね」は You're a good swimmer. となります。

That's an excellent point.

[ダッツァン**エ**クセレン(トゥ)**ポ**イン(トゥ)]

人の意見を評価するひと言です。excellent は「すばらしい」という意味ですが、代わりに great や important などを使うことも可能です。

You've got it all!

[ユーヴ**ガ**リ**ロ**ーォ]

日本語でも、「君、何か（才能を）持っているね」と言いますね。it は「才能」と考えましょう。「全てを備えている」というイメージです。

121

UNIT 52 嬉しい・楽しい

嬉しい・楽しい気持ちを表すフレーズです。気持ちを込めて、笑顔で話すことも大切です。

1. 楽しかった？
ヒント Did ____ have ____?
「楽しみ」という意味の名詞を使います。

2. 昇給しました。
ヒント I got ____ ____.
「昇給」は「〜を上げる」という動詞と同じ単語を使います。

3. 彼女はおめでたです。
ヒント She's ____ a ____.
「赤ちゃんを期待して待っている」と発想します。

4. 多ければ多いほど楽しいよ。
ヒント The ____, the ____.
「より多い」と「より楽しい」という比較級を使います。

5. こんなところで会うなんて。
ヒント Fancy ____ ____ here.
meet の形を変化させて使います。

> 超カンタン**4**語フレーズ

超ミニフレーズの**カギ**

〈The + 比較級, the + 比較級〉の形で、「～すればするほど、ますます～だ」という意味になります。The more you have, the more you want.（持てば持つほど欲しくなる）のように、後ろに〈主語 + 動詞〉を続けることも可能です。

CD 48

Did you have fun?

▶ [ディジューハヴ**ファン**↗]

外出して帰ってきた人にかけるひと言です。「楽しい」は「楽しみ（fun）を持つ（have）」と発想します。「楽しかった」は I had fun. です。

I got a raise.

▶ [アイ**ガ**ラ**レ**イズ]

raise は「～を上げる」という意味なので、「昇給」にも使います。「昇給をゲットした」と捉えましょう。「給料をあげて!」は Give me a raise! です。

She's expecting a baby.

▶ [シーズイクス**ペ**クティンガ**ベ**イビー]

expect は「期待して待つ」の意味で、「赤ちゃんが生まれてくるのを期待して待っている」となります。She's pregnant.（彼女は妊娠している）とも言えます。

The more, the merrier.

▶ [ダ**モ**アダ**メ**リア]

例えば、「私もパーティーに行っていいかな?」と聞かれたときに、「もちろん。参加者が多いほど楽しいよ」と快く応じるひと言です。

Fancy meeting you here.

▶ [**ファ**ンスィー**ミ**ーリンギューヒァ]

街角で友人とばったり出くわしたときに、突然会えた嬉しさを表現するために使うひと言です。meeting you はつながって、[**ミ**ーリンギュー] と聞こえます。

123

UNIT 53 さまざまな気持ち

意外な、つらい、残念な――さまざまな気持ちを表すフレーズです。英語らしい表現もあるので、ニュアンスも確認しながら練習しましょう。

1 世間は狭いですね。
ヒント It's a ____ ____.
「世間は狭い」は「小さな世界」と表現します。

2 そんなばかな！
ヒント Get ____ ____ here!
「ここから出て行け」と言います。

3 いい加減にしてよ！
ヒント Give ____ ____ ____!
「私に休憩（break）をください」と言います。

4 またかい。
ヒント There ____ ____ again.
「あなたはまた行く」と考えます。

5 彼女は結局、姿を見せませんでした。
ヒント She ____ ____ ____.
「姿を見せる」「現れる」は show up を使ってみましょう。

超ミニフレーズのカギ

Get out of here! の後に No way!（まさか!）を付け足すと、意外さを強調できます。「そんなばかな!」と言うには、I can't believe it!（信じられない!）や Don't be ridiculous!（ばかなこと言わないでよ!）などを使うこともできます。

It's a small world.

[**イッ**ツァス**モ**ーォ**ワ**ーォ**ドゥ**]
例えば、友達の友達が自分の知り合いだったりしたときに使うひと言です。2語で Small world. としてもOKです。

Get out of here!

[ゲ**ラ**ウロ(ヴ)ヒァ]
相手が「婚約したよ」と突然言ってきて、「え〜っ、うそだろう?」と返したいときに使えます。悪意はなく、むしろ「おめでとう」の気持ちが感じられます。

Give me a break!

[**ギ**ミアブレイク]
人から厳しいことを言われて、「もう勘弁してよ!」「大目に見てよ!」など、つらい気持ちを表す表現です。give と me はつながって [ギミ] と発音します。

There you go again.

[デァユー**ゴ**ウア**ゲ**ン]
「(わかってくれたと思ったのに) またそんなこと言って、まだわからないの?」とか「君はまたそんなことをやったんだ」と非難をこめて言うひと言です。

She didn't show up.

[**シ**ーディ(ドゥ)ン(トゥ)**ショ**ウ**ア**ップ]
待ち合わせをしていた彼女が来なかったときの残念な気持ちを表します。She didn't come. でもOKです。

UNIT 54 思いやる ①

相手を思いやってかけるひと言です。4語フレーズにはよく使う、おなじみのものもあります。

1 あなたのせいじゃないですよ。

ヒント That's not ____ ____.
「あなたのせい」=「あなたの過失・責任（fault）」と考えます。

2 それは無理もないですよ。

ヒント I don't ____ ____.
「私はあなたを責めません」という発想です。

3 事態はよくなりますよ。

ヒント Things will ____ ____.
「物事はよくなるだろう」と言います。

4 心配しないで。

ヒント Don't ____ ____ it.
「それについては心配しないで」と言います。

5 大丈夫ですか。

ヒント Is ____ all ____?
「すべては大丈夫か」と聞きます。

超ミニフレーズのカギ

相手が悩んでいるときには、こちらから声をかけてあげたいものです。「（全く）お気になさらずに」は、That's (quite) all right.、「お気持ちお察しします」はI know how you feel. というひと言もあります。

That's not your fault.
[ダッツ**ナ**ッヨー**フォ**ーォ（トゥ）]
自分に過失や責任があると思って落ち込んでいる人に、気づかって言ってあげるひと言です。not の t の音は聞こえないこともあります。

I don't blame you.
[アイドウン（トゥ）ブ**レ**イミュー]
「それはしかたがないですね」とか「あなたのせいじゃないですよ」と言うときのもう1つの表現です。blame は「〜を責める」という意味です。

Things will get better.
[ス**ィ**ングズウィォ**ゲ**ッベラー]
「あなたの今の状況はあまりよくないけれども、徐々によくなるよ」と相手を思いやるひと言です。get better は「よくなる」。th は上下の歯と舌の摩擦音です。

Don't worry about it.
[ドウン**ウォ**ーリーアバウリッ（トゥ）]
例えば、I'm sorry. という相手の謝罪に対して、「気にしなくていいよ」と気づかって返すひと言です。Don't worry. や No worries. でもOKです。

Is everything all right?
[イゼヴリスィン（グ）**オ**ー**ラ**イッ（トゥ）↗]
相手に何かトラブルがあったときに、気づかってたずねる表現です。Are you OK? でも大丈夫です。everything の th は上下の歯と舌の摩擦音です。

127

UNIT 55 思いやる ②

相手を気づかうさまざまなフレーズです。2はプレゼントを渡すときに、4はお悔やみを言うときに必須の表現です。

1. お大事に。
ヒント Take ____ ____ yourself.
「あなた自身の世話をしなさい」と考えます。

2. これをあげる。
ヒント This ____ ____ you.
「これはあなたのためです」と言います。

3. 私がやります。
ヒント Leave it ____ ____.
「それを私に残しておいてください」と発想します。

4. 心よりお悔やみ申し上げます。
ヒント Please ____ my ____.
「お悔やみ」は condolences です。

5. なぜうかない顔をしているの？
ヒント Why the ____ ____?
「うかない顔」は「長い顔」と言います。

超カンタン4語フレーズ

超ミニフレーズのカギ

お悔やみの表現は、タイミングや言葉づかいなど、日本語でも難しいもの。しかし、社会人としては知っていないと困ります。英語でよく使うものには他に、My condolences to you and your family.やI wish to extend my sympathies to you.があります。

Take care of yourself.

[**テイ**ッケアロヴョー**セォ**フ]

相手に「無理しないようにね」と言ってあげる思いやりの言葉です。「自分自身の面倒をみてください」、つまり「ご自愛ください」ということですね。

This is for you.

[ディスィズフォ**ユー**]

プレゼントやお土産など、人に何かを手渡すときに使える便利なひと言です。「これ (this) はあなた用 (for you) です」ということですね。

Leave it to me.

[**リー**ヴィットゥ**ミー**]

例えば、家に食事に招いたお客さんが、食後にお皿洗いを手伝ってくれようとしたときに、「私がやりますから大丈夫ですよ」と言うのに使えます。

Please accept my condolences.

[プリーズアク**セ**プ(トゥ)マイクン**ド**ウランスィズ]

家族にご不幸があった人にかけるお悔やみの言葉です。「お悔やみの気持ち (condolences) を受け取って (accept) ください」ということです。

Why the long face?

[**ワィ**ダ**ロン**(グ)**フェ**イス ↘]

相手がふさぎこんでいたら、こう聞いてみましょう。「うかない顔」は、疲れてだらーっと下にさがって長くなった顔をイメージしましょう。

UNIT 56 意見を聞く

相手の意見や都合を聞くフレーズです。3と5は英語らしい表現を使います。練習して、しっかり覚えましょう。

1 一杯どうですか。

How _____ a _____?
drink（飲む）は名詞で「お酒」という意味もあります。

2 お時間はありますか。

Do _____ _____ _____?
「～はありますか」は have を使います。

3 来られますか。

Can _____ _____ it?
「作る」という意味の動詞を使って言ってみましょう。

4 そうしたいですか。

Do _____ _____ _____?
「～したい」は to 不定詞を使います。

5 いかがでしょうか。

How _____ that _____?
「音」「聞こえる」という意味の単語を使いましょう。

超カンタン**4**語フレーズ

超ミニフレーズのカギ

Do you have time? は「お時間はありますか」、Do you have the time? は「何時ですか」です。the の有無で意味が全く異なってしまうので注意しましょう。

CD 52

How about a drink?

[**ハウアバウラドゥリ**ンク ↘]

「〜はどうですか」と相手に何かを勧めるときは How about 〜? が便利です。「お酒」は a drink、ソフトドリンクには something to drink を使いましょう。

Do you have time?

[ドゥユハヴ**タ**イム ↗]

「時間を持っていますか」と聞きます。「コーヒーを飲む時間はある?」は Do you have time for coffee? です。

Can you make it?

[キャンニュー**メ**イキッ(トゥ) ↗]

例えば、友達をパーティーに誘うときなどに使います。make it は「たどりつく」「間に合う」という意味です。もちろん、Can you come? でもOKです。

Do you want to?

[ドゥユー**ウォ**ントゥー ↗]

例えば、「行きたいですか」は Do you want to go? ですが、話の内容がお互いにわかっている場合は、最後の動詞を省略してもかまいません。

How does that sound?

[**ハ**ウダズダッ**サ**ウンドゥ ↘]

「私の提案をどう思いますか」と相手の意見を聞く表現です。英語では「私が今言ったことは、あなたにはどう聞こえますか」と言います。

UNIT 57 提案する

Let's で始めて、相手にさまざまなことを提案するフレーズです。動詞の使い方に注意しながら、練習してみましょう。

1 休憩しましょう。

ヒント Let's ____ a ____.
「休憩」は break を使ってみましょう。

2 連絡を取り合いましょう。

ヒント Let's ____ in ____.
「連絡を取り合う」は keep という動詞を使います。

3 割り勘にしましょう。

ヒント Let's ____ the ____.
「割る」という意味の動詞 split を使います。

4 そのうち会おうよ。

ヒント Let's ____ ____ soon.
「一緒に」という意味の together を使いましょう。

5 きちんとかたをつけましょう。

ヒント Let's ____ everything ____.
「まっすぐ」という意味の straight を使います。

超カンタン **4** 語フレーズ

超ミニフレーズの**カギ**

「〜しましょう」と提案するときは、Let's で文を始めると話しやすいです。Let's の後ろは動詞の原形です。文末に付加疑問の〈〜, shall we?〉を付け加えると、「〜しましょうか」と、少し和らいだ表現になります。

CD 53

Let's take a break.

▶ [レッツ**ティ**カブ**レ**イク]

break は「壊す」という意味の動詞ですが、名詞で「休憩」という意味があります。「休憩を取る」は take a break です。

Let's keep in touch.

▶ [レッツ**キ**ーピン**タ**ッチ]

人と別れる際に「これからもよろしく」という意味で使うひと言です。keep in touch は「接触 (touch) を保つ (keep)」、つまり「連絡を絶やさない」です。

Let's split the bill.

▶ [レッツス**プリ**ッダ**ビ**ォ]

「勘定書 (bill) を割る (split)」、つまり「割り勘にする」ということです。Let's pay separately.（別々に支払いましょう）とも言います。

Let's get together soon.

▶ [レッツ**ゲ**ットゥ**ゲ**ダー**ス**ーン]

get together は「(仲間同士で) 集まる」とか「会う」という意味です。「そのうち」は、今を基準にした「すぐに」という意味の soon を使います。

Let's get everything straight.

▶ [レッツ**ゲ**ッ**エ**ヴリスィンストゥ**レ**イッ(トゥ)]

get everything straight は「全てをまっすぐにする」、つまり、「全てにきちんとかたをつける」ということです。get の t の音はほとんど発音しません。

UNIT 58 要望を伝える

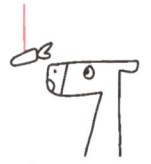

相手に自分の要望を伝える4語フレーズです。使う場面を意識しながら練習しましょう。

1. 当てにしているよ。

ヒント I'm _____ _____ you.
「数える」「勘定に入れる」という意味の動詞を使います。

2. 私も一緒にいいですか。

ヒント Can _____ _____ you?
「加わる」「参加する」という意味の動詞を使います。

3. 差し支えなければお聞きしたいのですが。

ヒント If I _____ _____.
「たずねる」という意味の動詞を使います。

4. ほんの少しだけ。

ヒント Just _____ _____ _____.
「少し」という意味の単語を2つ連続して使います。

5. ちょっとトイレに行ってきます。

ヒント I _____ a _____.
「トイレ」は restroom を使ってみましょう。

超カンタン**4**語フレーズ

超ミニフレーズの**カギ**

要望を伝えるには、I need ～．(～が必要です) や、Can I ～？ (～してもいいですか) などを使うと話しやすいでしょう。If ～を使って、「もし～できるなら (お願いします)」と表現することも可能です。

CD 54

I'm counting on you.

[アイム**カ**ウンティンオンニュー]
count on ～は「～を当てにする・頼りにする」という意味です。「あなたを (頼れる人として) 数に入れておくからね」と、相手に伝えるひと言です。

Can I join you?

[キャナイ**ジョ**インユー ⤴]
喫茶店でコーヒーを飲んでいる友達にばったり。「一緒にいい?」と、自分がその人と一緒のテーブルに座りたいことを伝える表現です。

If I may ask.

[イファイメイ**ア**スク]
相手に何か質問をした直後に、「ぶしつけな質問かもしれませんが…」と付け足すひと言です。If you don't mind my asking. とも言います。

Just a little bit.

[ジャスタ**リ**ロビッ(トゥ)]
例えば、「コーヒーにお砂糖はどのくらい入れますか」と言われたときに、「少しだけ」という要望を伝えるのに便利な表現です。

I need a restroom.

[アイニーダ**レ**ストゥルーム]
トイレに行きたいことを伝える間接的な表現です。toilet は「便所」「便器」という意味です。日本語でも間接的に「お手洗い」とか「化粧室」と言いますね。

UNIT 59 思う・考える

思いや考えを確認し合うフレーズです。おなじみのものもあるかもしれませんが、使い方を意識して練習してみましょう。

1. 考えが変わりました。
I've ____ ____ ____.
「考え」は mind を使ってみましょう。

2. だと思ったんだ。
That's ____ I ____.
「それが私が思ったことです」と言います。

3. どういう意味ですか。
What ____ ____ ____?
「意味する」という意味の動詞を使います。

4. 違うと思います。
I ____ ____ so.
「そうは思わない」と言います。

5. あなた次第ですよ。
It's ____ ____ ____.
「〜次第」は up to 〜を使います。

超カンタン**4**語フレーズ

🔑 超ミニフレーズの**カギ**

What do you think? や What's on your mind? など、動詞の think や名詞の mind は、上手に使えば自分の思いや考えを表現するのにとても便利です。「やっぱり」「思ったとおりだ」は Just as I thought. と言うこともできます。

CD 55

I've changed my mind.

▶ 🔊 [アイヴ**チェ**インヂドゥマイ**マ**インドゥ]

「(私の)考えが変わる」は change my mind です。「過去に考えが変わって、今も変わっている状態」であれば、過去形ではなく現在完了形を使いましょう。

That's what I thought.

▶ 🔊 [**ダ**ッツワライ**ソ**ー(トゥ)]

相手に質問して、その答えが自分が思っていた通りだったときのひと言です。〈what + 主語 + 動詞〉で「(人)が〜すること」という意味になります。

What do you mean?

▶ 🔊 [**ワ**ッドゥーユー**ミ**ーン↘]

What do you mean by that? (それはどういう意味ですか) と言うこともあります。What do you の発音が [ワルユ] と聞こえる場合もあります。

I don't think so.

▶ 🔊 [アイドウン**ス**ィンクソウ]

日本語では「そうではないと思います」とよく言いますが、英語では「そうは思いません」と think を否定します。th の発音は上下の歯と舌の摩擦音です。

It's up to you.

▶ 🔊 [イッ**ツ**ァップトゥ**ユ**ー]

例えば、「どうしようか」と相談しているときに、「あなたがどう考えているかによります」と、その人の考えに任せることを伝えるひと言です。

UNIT 60 行動について①

自分の行動について相手に伝えるフレーズです。話すタイミングを意識しながら練習しましょう。

1. すぐ戻ります。
ヒント I'll be ___ ___.
「すぐに」は right を使ってみましょう。

2. ベストを尽くします。
ヒント I'll ___ ___ ___.
「尽くす」は動詞 do を使います。

3. そうするつもりでした。
ヒント I ___ ___ ___.
「〜するつもり」は be going to 〜を使います。

4. 間違った。
ヒント I ___ ___ ___.
「間違い」という名詞 mistake を使います。

5. どこかに置き忘れてしまった。
ヒント I ___ it ___.
「置き忘れる」は misplace を使うと便利です。

超ミニフレーズの**カギ**

「すぐ戻ります」は I'll be back soon. とも言います。「すぐ行きます」は I'm coming.（UNIT 19 参照）の他に、I'll be right there.、I'll be with you in a second. という言い方もあります。

I'll be right back.

[アイォビ**ラ**ィッバック]

例えば、人と話している最中に用を思い出して、ちょっと部屋の外に出るときに使えるひと言です。少し堅い言い方に I'll be back shortly. があります。

I'll do my best.

[アイォ**ドゥ**ーマイベストゥ]

「がんばって!」と励まされて、「やるだけやってみるよ」と最善の努力をすることを表明するひと言です。I'll は［アイォ］のように発音します。

I was going to.

[アイワズ**ゴ**ウイントゥ]

例えば、「彼女に会うつもりだった（のに会わなかった）」という場合に使います。be 動詞は過去形の was にします。to の後ろの動詞は省略されています。

I made a mistake.

[アイ**メ**イダミス**テ**イク]

日本語では「間違い」は「おかす」もの、英語では mistake は make するものと、動詞と目的語の決まった組み合わせを覚えておくことが大切です。

I misplaced it somewhere.

[アイミスプ**レ**イストゥイッ（トゥ）サムホェア]

例えば、家の中や職場で探し物をしていて、なかなか見つからないときに、「どこに置いたかわからなくなっちゃった」という意味で使うひと言です。

UNIT 61 行動について②

行動について話すフレーズをさらに練習しましょう。この UNIT では、自分・相手・第三者の行動について話します。英語らしい表現にも注意!

1 やってみなさい。

ヒント Give ____ ____ ____.
「それに努力（試み）を与える」と発想します。

2 彼女はちょっと席を外しています。

ヒント She's ____ ____ ____.
「席を外す」「外出する」は step out です。

3 ただぶらぶらしているだけですよ。

ヒント I'm ____ ____ ____.
「ぶらぶらする」は hang around を使ってみましょう。

4 自業自得だよ。

ヒント You ____ ____ it.
動詞は ask を使います。

5 この辺で折り合いをつけましょう。

ヒント I'll ____ you ____.
「折り合いをつける」「妥協する」は halfway を使うと便利です。

超カンタン**4**語フレーズ

超ミニフレーズの**カギ**

She's just stepped out. は「席を外している」ですが、「彼女は昼食に出かけています」と言いたければ、She's out to lunch. です。「今日は出勤していません」は She's not in today. となります。

CD 57

Give it a try.

[**ギ**ヴィラトゥ**ラ**イ]

「それに努力（試み＝try）を与える」→「それをがんばってやってみる」となります。give it a はそれぞれつながり、it の t の音は［ラ］のように発音されます。

She's just stepped out.

[シーズジャス**テ**ップ**タ**ウ(トゥ)]

例えば、同僚に電話がかかってきて、その人がたまたまその場にいないときに返すひと言です。she's は she has の短縮形です。

I'm just hanging around.

[アイムジャス(トゥ)**ハ**ンギンガ**ラ**ウン(ドゥ)]

例えば、街で友達にばったり会って、「あらっ、何してるの?」と聞かれ、「いや、別にぶらぶらしてるだけよ」と言いたいときに使います。

You asked for it.

[ユー**ア**スクトゥフォーイッ(トゥ)]

相手の行為がもたらした当然と思える結果について言うのに使います。「ざまあみろ!」という日本語にも当たります。

I'll meet you halfway.

[アイォ**ミ**ー**チュ**ー**ハ**ーフ**ウェ**イ]

妥協をもちかける表現です。「道の半分の地点で（halfway）あなたと会う」ということですから、「歩み寄る」「折り合いをつける」ということですね。

141

UNIT 62 たずねる・確認する①

相手にたずねたり、確認したりする4語フレーズです。まず、基本的なものを練習しましょう。

1 どう思う？

ヒント _____ do you _____?
疑問詞の選択に注意。How ではありません。

2 ご出身はどちらですか。

ヒント Where _____ _____ _____?
「あなたはどこからですか」とたずねます。

3 お仕事は何をなさっているのですか。

ヒント What _____ _____ _____?
現在進行形（〜している）ではなく、単純に現在形を使います。

4 お昼ご飯はもう食べましたか。

ヒント Did _____ _____ _____?
「食べる」は have を使ってみましょう。

5 この席は空いていますか。

ヒント Is _____ _____?
take を用いて受動態にします。

超カンタン**4**語フレーズ

超ミニフレーズの**カギ**

What do you think of the movie?(その映画についてはどう思いますか)のように、What do you think の後ろに of を付けることによって、具体的なことについて意見を求めるフレーズを作ることができます。

CD 58

What do you think?

▶ [ワッドゥーユー**ス**インク ↘]

How was it?(それはどうでしたか)のように、「どう〜?」は普通 how を使いますが、ここでは what です。「あなたは何を思いますか」と考えましょう。

Where are you from?

▶ [ホェァアーユーフ**ラ**ム ↘]

過去形ではなく現在形(are)を使います。こうたずねられたら、I'm from Yokohama. のように I'm from 〜. で答えましょう。

What do you do?

▶ [ワッドゥーユー**ドゥ**ー ↘]

職業をたずねるお決まり表現です。返答として I work for a bank.(銀行で働いています)とか、I'm a nurse.(私は看護師です)のように答えます。

Did you have lunch?

▶ [ディジューハヴ**ラ**ンチ ↗]

lunch(昼食)の前には a は付けません。I had a big lunch.(お昼ご飯をたくさん食べました)のように lunch の前に形容詞が付くと a が必要です。

Is this seat taken?

▶ [イズディス**ス**ィーッ**テ**イクン ↗]

take は「〜を自分のテリトリーに入れる」というイメージで捉えます。「この席は(誰かによって)取られていますか」と発想します。

UNIT 63 たずねる・確認する②

たずねる・確認するフレーズの応用編です。英語らしい言い回しを確認しながら練習しましょう。

1. 何かお手伝いしましょうか。

May ____ ____ you?
「手伝う」は「助ける」と同じ help を使います。

2. お薦めは何ですか。

What ____ ____ ____?
「薦める」は recommend を使うのが一般的です。

3. もし雨が降ったらどうするの？

What ____ it ____?
「雨が降る」は It rains. です。

4. 何を考えているの？

What's ____ your ____?
「心」という意味の mind を使います。

5. 誰にたずねたらいいんですか。

Who ____ ____ ____?
「たずねる」は ask を使いましょう。

超カンタン4語フレーズ

超ミニフレーズのカギ

お店で店員に May I help you?（いらっしゃいませ）とたずねられ、何かを探していたら I'm looking for ～.、見ているだけなら I'm just looking. と言いましょう。

CD 59

May I help you?
[メイアイヘォピュー ↗]
外国からの観光客が道に迷っていたら、こう言って積極的に話しかけましょう。お店の店員さんが言う「いらっしゃいませ」もこう言います。

What do you recommend?
[ワッドゥーユーレカメンドゥ ↘]
例えば、海外のレストランで何を注文していいかわからないときに、その店のお薦め料理を聞いてみましょう。

What if it rains?
[ワリフィッレインズ ↘]
〈What if 主語 + 動詞〉の形で、「もし～ならどうなるの?」という意味です。「もし飛行機が遅れたらどうしよう」は What if the plane is late? となります。

What's on your mind?
[ワッツォンニョーマインドゥ ↘]
何かを考えている様子の人に対してたずねるひと言です。「あなたの心の中には何があるのですか」と発想します。「心の中」は in ではなく on を使います。

Who should I ask?
[フーシュダイアスク ↘]
「～したらいいんですか」とたずねるときは、should（～するべき）が便利です。「誰にたずねるべきですか」と聞きます。should の代わりに do でもOKです。

145

UNIT 64 理解する・しない ①

話が理解できているかいないかを伝えるフレーズです。英語らしい言い回しを意識しながら練習しましょう。

---

1. さっぱりわからない。

ヒント: I ___ ___ ___.
「idea（考え）を持っていない」と言います。

---

2. 私が知る限りでは、ないですね。

ヒント: Not ___ my ___.
「知識」という意味の名詞を使います。

---

3. 混乱しちゃった。

ヒント: I got ___ ___.
「混ぜる」という意味の mix を使ってみましょう。

---

4. 想定外だ。

ヒント: I ___ ___ that.
「予期する」「期待する」という意味の動詞を使います。

---

5. なぜわかるの？

ヒント: ___ do you ___?
文頭の疑問詞は why ではありませんよ。

超ミニフレーズのカギ

I have no idea. は I don't know. を強調するような表現です。「よく知っている」という意味の形容詞 familiar を使い、I'm not familiar with it. とすれば、「それについてはよく知りません」という意味になります。

I have no idea.

[アイハヴ**ノ**ウアイ**ディ**ア]

「全然〜ない」と否定を強調するときには no を使うのが便利です。同様に「お金が全くない」は I have no money. です。

Not to my knowledge.

[**ナ**ットゥーマイ**ナ**リッヂ]

例えば、「この辺りにコンビニはある?」と聞かれて、「自分が知っている限りでは、ないよ」と答えるときに使えます。

I got mixed up.

[アイガッ**ミ**クス**タ**ッ(プ)]

例えば、人の話が複雑で、すんなりと理解できないときに使います。「頭の中が混ぜ合わされた」、つまり「混乱している」と捉えます。

I didn't expect that.

[アイディ(ドゥ)ンイクスペク(トゥ)**ダ**ッ(トゥ)]

「それは予想できなかった」は It was unpredictable. とも言えます。カッコで示している発音は消えてしまいがちです。th は上下の歯と舌の摩擦音です。

How do you know?

[**ハ**ウドゥユー**ノ**ウ↘]

「なぜ」なので日本人としては why と言ってしまいそうですが、英語では「どんなふうにして(どんなルートで)知ったの?」と発想します。

UNIT 65 理解する・しない②

理解する・しないフレーズをもう少し練習しましょう。2、4、5はネイティブらしい言い回しです。

1 それは難しい質問ですね。

ヒント That's a ____ ____.
bad の反対語を使って言ってみましょう。

2 彼は物知りです。

ヒント He's a ____ ____.
「辞書」という単語を使います。

3 信じられないかもしれないけど。

ヒント ____ it or ____.
「信じる」という意味の動詞で始めます。

4 よくわかるよ。

ヒント I get ____ ____.
「絵」「写真」という意味の名詞を使って言ってみましょう。

5 見落とすはずはありません。

ヒント You ____ ____ it.
「見落とす」は miss を使いましょう。

超ミニフレーズのカギ

「〜について物知りだ」と知っている対象を言いたいときには、knowledge（知識）の形容詞 knowledgeable［**ナ**リッヂァボォ］を使って、例えば、He is knowledgeable about music.（彼は音楽についてはよく知っている）と言ってみましょう。

That's a good question.

[ダッツァ**グッ**(ドゥ)ク**ウェ**スチュン]

相手の質問に即答できないときに返すひと言です。「答えるのに困るくらいよい質問」ということです。question の que は［ク**ウェ**］と発音します。

He's a walking dictionary.

[ヒーザ**ウォ**ーキン**ディ**クシュネリー]

「物知り」のことを日本語では「生き字引」、英語では「歩く辞書」と言います。「頭の中にいつも辞書や百科事典が入っているような人」と発想します。

Believe it or not.

[ブ**リ**ーヴィラ**ナ**ッ(トゥ)]

例えば、「チャーリーがスピーチ大会で優勝したんだよ。信じられないかもしれないけど」のように、意外な事実を告げた後に付け足すひと言です。

I get the picture.

[アイ**ゲ**ッダ**ピ**クチャー]

「絵に描くようによくわかる」というイメージで捉えます。I didn't get the picture. と否定文にすると「ピンとこない」という日本語にピッタリです。

You can't miss it.

[ユー**キャ**ーン(トゥ)**ミ**スィッ(トゥ)]

例えば、たずねられた道順を教えてあげた後、「目立つ建物ですからすぐにわかりますよ」と言うときに使えます。

UNIT 66 応答する

相手に返すさまざまな応答フレーズを練習します。英語らしい言い回しが多いので、何度も言って慣れるようにしましょう。

1. 私はそれで結構です。

ヒント That's _____ _____ me.
「結構」は「大丈夫」「元気」と同じ単語を使います。

2. すぐに参ります。

ヒント I'm _____ my _____.
「私はもうすでにそちらに行く道の上にいる」と発想します。

3. 今言ったことは取り消します。

ヒント I'll _____ it _____.
「取り消す」は take を使った「返す」と同じ表現です。

4. 電話をかけ直しています。

ヒント I'm _____ your _____.
「返す」という意味の return を使います。

5. そうだよね。

ヒント Tell _____ _____ it.
「それについて教えて」と言います。

超カンタン4語フレーズ

超ミニフレーズのカギ

「そうだよね」とか「同感です」と、相手の言ったことに応答する場合は I'll say. という表現もあります。「（留守中に彼女から電話がかかってきたので）かけ直しています」は I'm returning her call. です。

That's fine with me.

[ダッツ**ファイン**ウィドゥ**ミー**]

「あなたはそれでいいですか」とたずねられ、「私については大丈夫ですよ」と自分はOKだと伝えたいときには文末に with me を付けます。

I'm on my way.

[アイムオンマイ**ウェイ**]

すぐに来るように言われたときの返事です。on my way は「そちらに向かう途中」、つまり、すぐ行くことを強調しているのです。I'm coming. とも言えます。

I'll take it back.

[アイォ**テイ**キッ**バック**]

相手に対して言い過ぎたと気づき、ひと言謝るときに使います。take 〜 back には「〜を返品する」「（借りた物）を返す」という意味もあります。

I'm returning your call.

[アイムリ**ター**ニンギョ**コーォ**]

自分が不在のときに人から電話がかかり、その人に「先程は留守にしていて、すみませんでした」と、後で電話をかけ直すときに使います。

Tell me about it.

[**テォ**ミーアバウリッ（トゥ）]

相手の言ったことに対して「その通りです」とか「よくわかります」と同調するひと言です。反語的に「言われなくても百も承知だよ」という意味でも使えます。

UNIT 67 できる

何かができることを相手に伝えるフレーズです。2、3、5は英語らしい言い回しを使います。

1. 君ならできる！

You ____ ____ ____!

ヒント:「〜できる」には can を使います。

2. 朝飯前さ。

A ____ of ____.

ヒント: 簡単にできることは英語で「ケーキひと切れ」と言います。

3. 一か八かやってみよう。

Let's ____ a ____.

ヒント:「賭け」「冒険」という意味の chance を使ってみましょう。

4. できるだけ早くね。

As ____ ____ ____.

ヒント:「できるだけ」には「可能な」という意味の形容詞を使います。

5. 私が何とかします。

I'll ____ something ____.

ヒント:「働く」という意味の動詞を使います。

超ミニフレーズのカギ

「君ならできるって!」と相手を励ますときは、Sure you can!と言ってみましょう。「やってみたら?」と提案され、「できるならそうしているよ」と実現不可能であることを伝える場合は、I would if I could.と仮定法過去を使います。

You can do it!

[ユーキャン**ドゥ**ーイッ(トゥ)]

自信をなくしている人に、「君なら大丈夫!」と励ましてあげるときのひと言です。目的語のit（その人がやろうとしていること）を忘れずに。

A piece of cake.

[ア**ピ**ーソ(ヴ)**ケ**イク]

「そんなこと簡単にできるよ」「どうってことないよ」と言いたいときの表現です。「ケーキをひと口で食べるように簡単なこと」と考えます。

Let's take a chance.

[レッツ**テ**イカ**チャ**ンス]

take a chance（当たって砕ける）は、「危険を冒してやってみる」「運にまかせてやってみる」という意味です。「危険を冒す」はtake a riskとも言います。

As soon as possible.

[アズ**ス**ーナズ**パ**ッスィボォ]

「できるだけ早くしてほしい」と要望する表現です。「できるだけたくさん」はAs many as possible.、「できるだけ頻繁に」はAs often as possible.です。

I'll work something out.

[アイォ**ワ**ークサムスィン**ガ**ウッ(トゥ)]

やっかいな問題が起こり、「自分が何か方策を見つけるよ」と相手に告げるときのひと言です。work ~ outは「苦労をしてやり遂げる」という意味です。

UNIT 68 できない

今度はできないことを伝えるフレーズを練習しましょう。動詞の使い方がキーになるフレーズが多いです。

1 それを買う余裕はありません。

ヒント I ____ ____ it.
「余裕がある」「ゆとりがある」は afford です。

2 我慢できない。

ヒント I ____ ____ it.
「我慢する」は「立つ」と同じ動詞を使います。

3 どうしようもないんだ。

ヒント I ____ ____ it.
「助ける」「手伝う」という意味の動詞を使います。

4 そうできたらいいのですが。

ヒント I ____ I ____.
仮定法過去（助動詞は could）を使って表現します。

5 言葉では説明しづらいです。

ヒント It's ____ to ____.
「描く」という意味の動詞を使ってみましょう。

超カンタン**4**語フレーズ

超ミニフレーズの**カギ**

「できない」ことは can't で表現しますが、別の方法もあります。I wish I could. は、できないことを間接的に表現します。仮定法過去を使って「できればいいのですが」と言うことで、やんわりと「できない」ことを伝えることができます。

I can't afford it.

[アイ**キャ**ーン(トゥ)ア**フォ**ーディッ(トゥ)]

can afford 〜の形で「(金銭的に、または時間的に)余裕がある」という意味です。〈to + 動詞の原形〉を使い I can't afford to buy it. とすることもできます。

I can't stand it.

[アイ**キャ**ーン(トゥ)ス**タ**ンディッ(トゥ)]

ひどい状況・物事について不満を言うときのひと言です。stand は後ろに目的語が来る場合は「〜を我慢する」という意味になります。

I can't help it.

[アイ**キャ**ーン(トゥ)**ヘ**ォピッ(トゥ)]

「(癖や習慣を)どうしてもやめられない」「気持ちを抑えることができない」という意味で使うひと言です。

I wish I could.

[アイ**ウィ**ッシュアイ**ク**ッ(ドゥ)]

例えば、人からパーティーに誘われ、「行けたらいいのですが(残念ながら行けません)」と間接的に「できない」と伝えるときに便利です。

It's difficult to describe.

[イッツ**ディ**フィカォットゥディスク**ラ**イブ]

describe は「描写する」「詳しく説明する」という意味です。「それがどういうものなのかを(絵に描くように)上手くは説明できない」と言うときに使います。

UNIT 69 命令する・促す

動詞の原形で始める命令文スタイルのフレーズです。4語だと、さまざまなことが言えるようになります。

1 手伝って。
ヒント Give _____ a _____.
「手」という意味の名詞を使います。

2 貧乏ゆすりはやめなさい。
ヒント Stop _____ your _____.
「貧乏ゆすり」は「脚を揺り動かす」と言ってみましょう。

3 よく見てごらん。
ヒント Take a _____ _____.
「見る」は look を名詞として使ってみましょう。

4 深呼吸してください。
ヒント Take a _____ _____.
「深呼吸」は、日本語と同様「深い呼吸」と言います。

5 くつろいでください。
ヒント Make _____ _____ home.
「くつろぐ」は「自分自身が家にいるようにする」と発想します。

超カンタン4語フレーズ

超ミニフレーズのカギ

この名詞にはこの動詞を使う、というそれぞれ決まった「相性」があります。日本語では、手は「貸す」もの、深呼吸は「する」ものですが、英語では a hand は give するもの、a deep breath は take するもの、と覚えましょう。

Give me a hand.

[**ギ**ミァ**ハ**ンドゥ]

英語では「私に手をください」と発想します。日本語でも「手を貸して」と言いますね。Help me. でもOKです。give me はつないで [**ギ**ミ] と発音します。

Stop shaking your legs.

[ス**タ**ッ(プ)シェイキンギョウ**レ**ッグズ]

英語には「貧乏ゆすり」という特別な言葉は見当たりません。「脚（legs）を揺り動かす（shake）のをやめなさい（stop）」と言えば事足ります。

Take a close look.

[**テ**イカク**ロ**ウス**ル**ック]

「見てごらん」は Look. とも言えますが、Take a look. と言うこともできます。「近い」という意味の close を付けると、「（近くに寄って）よく見なさい」となります。

Take a deep breath.

[**テ**イカ**ディ**ーッブ**レ**ス]

「深呼吸して」と言った後で、「ゆっくり息を吐いてください」と言いたいときには Let it out slowly. [**レ**リ**ラ**ウッ(トゥ)ス**ロ**ウリー] です。

Make yourself at home.

[**メ**イキョー**セ**ォフアッ(トゥ)**ホ**ウム]

人を家に招待したときに、「自分の家と同じようにゆっくりしてください」と言うひと言です。Just sit back and relax. (UNIT 80 参照) とも言えます。

UNIT 70 しないで

否定で始める命令のフレーズです。英語らしい表現が多いので、言葉の使い方に注意しながら練習しましょう。

1 誤解しないでね。

Don't _____ me _____.
right（正しい）の反対語を使います。

2 言い訳はだめよ。

Don't _____ any _____.
「言い訳」は excuses を使いましょう。

3 早合点はよくないよ。

Don't _____ to _____.
「結論」という意味の conclusion を使います。

4 もうそれ以上言わないで。

Don't _____ _____ in.
「こする」「すり込む」という意味の動詞を使います。

5 とやかく言わずに。

No _____ _____ it.
「しかし」という単語を使います。

超カンタン**4**語フレーズ

超ミニフレーズの**カギ**

「しないで」とネガティブに頼むときには、〈Don't + 動詞の原形〉が基本です。また、Don't do that.（やめなさい）と言うところを Never ever do that!（絶対にそんなことしないで!）と Never で始めることによって意味を強調することもできます。

CD 66

Don't get me wrong.

[ドウン**ゲッ**ミー**ロー**ン]

自分が言ったことに対して、その内容や意図を勘違いしないように相手に伝えるひと言です。「私が言ったことを誤って頭にゲットしないでね」ということです。

Don't make any excuses.

[ドウン**メ**イケニーエクス**キュ**ースィズ]

「言い訳をする」「口実を作る」は make an excuse です。ここでは、「どんな言い訳もだめ」ということなので、複数の excuses を使いましょう。

Don't jump to conclusions.

[ドウン**ジャ**ンプトゥクン**ル**ージュンズ]

「すぐに結論に飛びつくな」と発想します。「軽率に結論づけるな」ということですね。conclusion の con は [クン]、sion は [ジュン] のように発音します。

Don't rub it in.

[ドウン**ラ**ビ**リ**ーン]

自分の失敗や誤りについて、「もうそれ以上繰り返して言わないで」という意味で使う表現です。「it（失敗したこと）をすり込まないで」ということですね。

No buts about it.

[**ノ**ウ**バッ**ツァバウリッ(トゥ)]

「でも…でも…（but ... but ...）」と言い訳ばかりする人に、「つべこべ言わないの」とたしなめるひと言です。

159

UNIT 71 身体について

自分や人の身体・体調について話すフレーズです。〈I have ～〉でさまざまなことが言えます。

1. 熱があります。
I ___ a ___.
英語では「熱を持っている」と表現します。

2. お腹が痛いです。
I ___ a ___.
「頭痛」は headache、「腹痛」は？

3. 二日酔いです。
I ___ a ___.
「二日酔い」は hangover です。

4. 彼は元気ですよ。
He's ___ good ___.
「体調がいい」は「形」「調子」という単語を使います。

5. 脚がしびれた。
My ___ are ___.
「しびれている」は「眠っている」と言います。

超ミニフレーズのカギ

基本動詞 have を使って、「熱がある」「お腹が痛い」「二日酔いだ」など、いろんなことが言えます。「風邪をひいている」は I have a cold.、「頭痛がする」は I have a headache.、「のどが痛い」は I have a sore throat. です。

I have a fever.

▶ [アイハヴァ**フィーヴァ**]

have は「自分と一緒に存在する」というイメージです。fever（熱）は本来は数えられない名詞ですが、この表現では不定冠詞の a を付けます。

I have a stomachache.

▶ [アイハヴァス**タ**ミックエイク]

「お腹」は stomach、「痛み」は ache なので、「腹痛」は stomachache となります。「腹痛」が「自分と一緒に存在する」ので have を使います。

I have a hangover.

▶ [アイハヴァ**ハンゴウヴァ**]

hangover は「前からの残り物」「遺物」という意味があります。「二日酔い」も前日の残り物と同じですね。「飲み過ぎた」は I've drunk too much. です。

He's in good shape.

▶ [ヒーズィン**グッシェイプ**]

病気もせずに健康で調子がいい状態のことを in good shape（よい調子の中にいる）と発想します。in good health とも言います。

My legs are asleep.

▶ [マイ**レッグ**ザーアスリープ]

脚が眠っているように無感覚だということです。I sleep. は「眠る」という動作、「眠っている」という状態は I'm asleep. となります。

UNIT 72 幸運・不運

幸運・不運はだれにもめぐってくるものです。そんなときにひと声かけるのに使えるフレーズを練習しましょう。

1 上手くいくといいですね。
ヒント: I ____ you ____.
「運」という意味の名詞を使います。

2 幸運を祈っていてください。
ヒント: Keep your ____ ____.
幸運を祈ることを英語では「指を交差させる」と言います。

3 今日はついてないな。
ヒント: Today's ____ ____ ____.
「私の日」という語句を使い否定文にします。

4 運が向いてないです。
ヒント: My ____ ____ out.
「運がなくなる」と考えます。

5 君、成功間違いなしだよ。
ヒント: You've ____ it ____.
make の過去分詞を使います。

超カンタン**4**語フレーズ

超ミニフレーズの**カギ**

luckily や unfortunately を文頭に置くと、話す内容に幸不運の感想を添えることができます。Luckily, no one was injured.(幸運にも、誰もけがをしなかった)、Unfortunately, she failed the exam.(不運にも、彼女は試験に落ちました)のように使います。

I wish you luck.

▶ [アイ**ウィ**ッシュー**ラ**ック]

wish は「願う」という意味です。「あなたに幸運を願う」と発想します。2語で Good luck.(がんばってね)とも言えます。wish と you はつないで発音します。

Keep your fingers crossed.

▶ [**キ**ーピョー**フィ**ンガーズク**ロ**ストゥ]

cross(交差させる)の過去分詞を使って、「あなたの指を交差させたまま保つ(キープする)」と言います。人差し指と中指を交差させながら言ってみましょう。

Today's not my day.

▶ [トゥ**デ**イズナッマイデイ]

「今日は私の日ではない」→「ついていない」と発想します。The jacket is not my color. は、「ジャケットの色は、私には似合わない」ということです。

My luck's run out.

▶ [マイ**ラ**ックスラ**ナ**ウッ(トゥ)]

run out は「なくなる」という意味です。「私の運はなくなった」、つまり「運が向いていない」ということです。's は現在完了の has の短縮形です。

You've got it made.

▶ [ユーヴ**ガ**リィッ**メ**イドゥ]

「あなたには上手くいく条件がそろっている」とか「成功が確実である」という意味です。何もかもが上手くいっている状態を表すときに使います。

UNIT 73 状況を説明する①

仕事から交通機関まで、さまざまなものの状況を説明するフレーズです。1と2は仕事で重宝します。

1 今のところ大丈夫です。

ヒント So _____ , so _____.
「遠い」という意味の単語と「いい」という意味の単語を使います。

2 早ければ早いほどいいです。

ヒント The _____ , the _____.
「早い」と「いい」の比較級を使います。

3 今日はこれで終わります。

ヒント That's _____ for _____.
「今日のためにはこれで全部です」と言います。

4 私はあなたの味方よ。

ヒント I'm _____ your _____.
「私はあなたの側にいる」と発想します。

5 バスが来たよ。

ヒント Here _____ the _____.
「来た」は、ここでは現在形を使います。

超カンタン4語フレーズ

超ミニフレーズのカギ

So far, so good. や The sooner, the better. などは、韻を踏んでいるのでリズムよく発音すると覚えやすいです。Here comes the bus. は、副詞の Here が文頭に来ていますが、バスが主語です。「ジョンが来たよ」は Here comes John. です。

CD 69

So far, so good.

[**ソ**ゥファーソウ**グ**ッ(ドゥ)]

例えば、新しく始めた仕事について、「どんな感じですか」と聞かれて、「ここまでは順調です」と返したいときに便利なひと言です。

The sooner, the better.

[ダ**ス**ーナーダベラー]

「できるだけ早く」と急いでいる状況について伝えるひと言です。〈the + 比較級 , the + 比較級〉で「〜すればするほど、ますます〜だ」の意味です。

That's all for today.

[ダッ**ツ**ォーフォトゥ**デ**イ]

例えば、「今日の授業はこれで終わります」と、先生が授業終了の合図を送るためのひと言です。that の th は上下の歯と舌を摩擦させる音です。

I'm on your side.

[アイムオンニョー**サ**イドゥ]

side は「横」という意味ですが、「〜の味方」「〜の敵」という意味での「側(がわ)」とか「派」という意味でも使います。on を付けるのを忘れずに。

Here comes the bus.

[**ヒ**アカムズダ**バ**ス]

Here comes 〜 . で「〜が来た」という意味です。日本語では「来た」と過去形を使いますが、バスが今やって来ている状態なので、英語では現在形にします。

UNIT 74 状況を説明する②

状況を説明するフレーズをもう少し練習しましょう。お金から機械まで、さまざまなフレーズがあります。

1 私は金欠です。
ヒント I'm ____ on ____.
「低い」という意味の形容詞を使います。

2 私ってバカよね。
ヒント I'm ____, ____ I?
「バカな」は stupid を使ってみましょう。

3 そうする価値はないよ。
ヒント It's ____ ____ it.
「価値がある」は worth を使います。

4 話せば長くなるのですが。
ヒント It's a ____ ____.
文字通り「それは長い話です」と言います。

5 それは故障中です。
ヒント It's out ____ ____.
「順序」「命令」「注文」と同じ名詞を使います。

超カンタン4語フレーズ

超ミニフレーズのカギ

I'm ～, aren't I?（私って～ですね）の形の付加疑問文は、学校の教科書にはあまり出てきませんが、会話では頻繁に使われます。「俺って強いだろう」は I'm strong, aren't I?、「私が言ったこと正しいだろう（図星だろう）」は I'm right, aren't I? です。

I'm low on money.

[アイムロウオンマニー]

「お金があまり残っていない」「ふところが寒い」という状況を説明する表現です。low on ～で「～を欠く」という意味です。I'm low on cash. とも言えます。

I'm stupid, aren't I?

[アイムステューピッ(ドゥ)アーンタイ↘]

自分の過ちやよくない言動について、振り返るときのひと言です。「～ですよね」は付加疑問文を使いましょう。〈主語 + 動詞〉が I'm の場合は aren't I? です。

It's not worth it.

[イッツナッワースィッ(トゥ)]

お金や時間をかけて何かをしようとしている人に、「それにそんなにお金（時間）を費やす価値はないですよ」と言うひと言です。

It's a long story.

[イッツァローン(グ)ストーリー]

説明を求められたときに、「簡単には説明できず、さかのぼって話をしないといけないのですが」と、状況説明が長くなることを示唆するひと言です。

It's out of order.

[イッツァウロヴオーダー]

「故障している」は out of order です。broken と異なり、out of order は主にエレベーターや自販機など公共の施設・機械の調子が悪いときに使います。

167

ミニフレーズ大活躍❹

「パシャッ！」は英語では Splash!

英会話の中でよく使われるミニフレーズに擬音語があります。擬音語なんてと思われるかもしれませんが、これがまたコミュニケーションには大切なのです。

例えば、「どんな音がしたのですか」と聞かれ、「ガタガタという音でした」と言いたいとき、その「ガタガタ」は英語では何と言うでしょうか。

「ガタガタ」は英語では Rattle, rattle.［ラロォラロォ］です。水がはねる「パシャッ!」は Splash!［スプラッシュ］。スプレーで「シュッ!」と振りかけるのは Spritz!［スプリッツ］、窓ガラスが「ガッシャーン!」と割れるのは Crash!［クラッシュ］です。

それぞれの音のイメージで捉えてみましょう。

Chapter 5

超カンタン 5語フレーズ

5語フレーズはこの本のゴールです。多種多様なものが出てきますが、どれもがネイティブスピーカーにとっては決まり文句です。しっかり練習して、使えるレパートリーを増やしましょう。

I always bring bad weather.

| CDトラック | UNIT 75 ▶ Track 71 |
| | UNIT 100 ▶ Track 96 |

UNIT 75 あいさつ

5語フレーズはあいさつからスタートしましょう。5語になると、多彩で具体的な表現ができるようになります。

1. はじめまして。
ヒント Very _____ to _____ you.
happy（嬉しい）を使って言ってみましょう。

2. 久しぶりですね。
ヒント It's _____ a _____ time.
「長い時間」という語句を使います。

3. またお会いできて嬉しいです。
ヒント Good to _____ you _____.
to 不定詞を使います。

4. こちらこそ、よろしくお願いします。
ヒント The _____ is _____ mine.
pleasure（喜び）を使ってみましょう。

5. 自己紹介させていただきます。
ヒント _____ _____ to _____ myself.
文頭に「許す」という意味の allow を使います。

超ミニフレーズのカギ

「はじめまして」には、It's a pleasure to meet you. やPleased to meet you. もあります。How do you do? はややフォーマルな表現です。「こちらこそ」と返すときには、それぞれ、The pleasure is all mine. と Pleased to meet you, too. です。

Very happy to see you.

[ヴェリーハピートゥースィーユー]

基本的には Nice to meet you. と同じです。文字通り「お会いできてとても嬉しいです」と言います。文頭に I'm が省略されています。

It's been a long time.

[イッツビンナロン(グ)タイム]

ここでは現在完了形〈have + 過去分詞〉を使い、「(あなたに以前会って以来)長い時間が経ちましたね」となります。It's は It has の短縮形です。

Good to see you again.

[グットゥースィーユーアゲン]

この表現も「久しぶりですね」という意味で使えます。「会えて嬉しい」に again を付けて「再び会えてよかった」となります。

The pleasure is all mine.

[ダプレジャーイゾーマイン]

It's a pleasure to meet you. (はじめまして) に対して返すひと言です。「はじめまして」は pleasure の前に a を付け、「こちらこそ」には the を付けます。

Allow me to introduce myself.

[アラウミートゥーイントゥロデュースマイセォフ]

自己紹介をする前に添える丁寧な表現です。「私自身を紹介することをお許しください」ということです。Let me introduce myself. でもOKです。

UNIT 76 嬉しい・楽しい

嬉しい・楽しい気持ちを表現するフレーズです。感情をこめて言えるように練習しましょう。

1. それを聞いて嬉しいです。

I'm _____ to _____ that.
「嬉しい」は glad を使ってみましょう。

2. ここにいられて光栄です。

I'm _____ to _____ here.
「光栄です」は honored を使いましょう。

3. 夢が叶いました。

My dream _____ come _____.
「叶う」には「本当の」という形容詞が含まれます。

4. とっても楽しんでるよ。

I'm _____ so much _____.
「楽しみ」という意味の fun を使うと便利です。

5. 楽しみにしています。

I'm _____ _____ _____ it.
「楽しみにする」は look forward を使います。

超カンタン**5**語フレーズ

超ミニフレーズのカギ

I'm glad to 〜. (〜して嬉しいです) や I'm honored to 〜. (〜できて光栄です) の to の後ろには動詞の原形が入ります。I'm looking forward to 〜. (〜を楽しみにしています) の to の後ろは名詞なので注意が必要です。

I'm glad to hear that.

▶ [アイムグ**ラ**ットゥ**ヒ**アダッ(トゥ)]
例えば、「テストに合格しました」とか「風邪が治りました」など、喜ばしいことを伝えてきた人に返すひと言です。

I'm honored to be here.

▶ [アイム**オ**ナーットゥビ**ヒ**ア]
例えば、パーティーなどに招待されて、あいさつをするときに、「お招きいただきありがとうございます」という意味で使う丁重な表現です。

My dream has come true.

▶ [マイドゥ**リ**ームハズカムトゥ**ルー**]
「叶う」「実現する」は come true を使いましょう。夢は過去に叶い、今も叶っている状態と捉え、過去形ではなく現在完了形〈have + 過去分詞〉を使います。

I'm having so much fun.

▶ [アイム**ハ**ヴィン(グ) **ソ**ウ**マ**ッチ**ファ**ン]
「楽しい」は have fun (楽しみを持つ) と言います。fun は数えられない名詞なので、不定冠詞の a を付けないようにしましょう。

I'm looking forward to it.

▶ [アイム**ル**ッキン(グ) **フォ**ワートゥーイッ(トゥ)]
look forward to 〜で「〜を楽しみにする」という意味です。英語では「それ (it) を楽しみにしています」と、it を使います。

UNIT 77　お礼・感謝①

お礼・感謝の5語フレーズを練習しましょう。まず、すべて Thank you で始まるもので、後に続く言葉を考えてみましょう。

1　手伝ってくれてありがとう。
ヒント　Thank you ____ your ____.
「手助け」という意味の名詞を使います。

2　お時間をありがとうございました。
ヒント　Thank you ____ your ____.
「時間」という意味の名詞を使います。

3　ご理解いただき、感謝申し上げます。
ヒント　Thank you ____ your ____.
「理解」は understand を変化させて使います。

4　ご清聴ありがとうございました。
ヒント　Thank you ____ your ____.
「注意」という意味の名詞を使います。

5　チャンスをくれてありがとう。
ヒント　Thank you ____ the ____.
「機会」という意味の名詞を使います。

超ミニフレーズのカギ

Thank you の後ろに for your help や for your time など、for 以下に具体的な感謝の内容を付け加えると、とても丁寧な響きになります。「ご協力ありがとうございます」は for your cooperation、「情報ありがとう」は for the information を付け足します。

Thank you for your help.

[**サ**ンキューフォーヨー**ヘ**ゥプ]

感謝の気持ちを強調するには、Thank you for の後ろに具体的な感謝の内容(ここでは your help)を付け足すと効果的です。th は上下の歯と舌の摩擦音です。

Thank you for your time.

[**サ**ンキューフォーヨー**タ**イム]

Thank you for sparing so much of your precious time.(貴重なお時間を割いていただき感謝いたします)とすればさらに丁寧です。

Thank you for your understanding.

[**サ**ンキューフォーヨーアンダス**タ**ンディン]

こちらの事情を話した後で言い添える「ご理解のほど、どうぞよろしくお願いいたします」とか「どうぞご了承ください」に当たる表現です。

Thank you for your attention.

[**サ**ンキューフォーヨーア**テ**ンシュン]

聴衆に対して言うお礼の言葉です。「注意(attention)して聞いてくれてありがとう」ということです。Thank you for your kind attention. とも言います。

Thank you for the opportunity.

[**サ**ンキューフォーディオポ**テュ**ーニティ]

目標達成のためによい機会を与えてくれた人へのひと言です。chance は「偶然の都合のよい機会」、opportunity は「目標達成、昇進などの機会」です。

UNIT 78 お礼・感謝②

お礼・感謝のフレーズをもう少し練習しましょう。この UNIT では、さまざまな言い方にチャレンジしましょう。

1 すごく助けになりました。
ヒント It ____ a ____ help.
「大きな」という意味の great を使ってみましょう。

2 ご親切にありがとうございます。
ヒント That's ____ ____ of you.
「とても親切な」という2語が入ります。

3 手伝っていただき、本当に感謝しています。
ヒント I ____ ____ your help.
「感謝する」は thank 以外を使ってみましょう。

4 大変感謝いたします。
ヒント I ____ ____ a lot.
「借りている」「負う」という意味の owe を使ってみましょう。

5 何度お礼を言っても足りないくらいです。
ヒント I ____ ____ you enough.
「十分に感謝できない」と言います。

超カンタン **5**語フレーズ

超ミニフレーズの**カギ**

owe（人に〜を負っている）もお礼に使える動詞です。「あなたは命の恩人です」は I owe you my life. 、「私の成功はあなたのおかげです」は I owe my success to you. と言うことができます。英語的な発想の表現なので、具体例で練習をしておきましょう。

CD 74

It was a great help.

▶ [イットゥワザグ**レ**イ(トゥ)**ヘ**ォプ]

人に手伝ってもらって、Thank you. とお礼を言った後に付け加えると、感謝の気持ちを強調できます。It was は［イロワズ］と聞こえるときもあります。

That's very kind of you.

▶ [ダッツ**ヴェ**リ**カ**インダヴュー]

親切にしてもらったときのお礼の言い方の1つです。Thank you for your kindness. とも言えます。kind of you は3語を続けて発音しましょう。

I really appreciate your help.

▶ [アイリーリーアプ**リ**ーシエイ(トゥ)ヨー**ヘ**ォプ]

Thank you very much for your help. の代わりに使ってみましょう。thank は「人に感謝する」、appreciate は「人がしてくれたことに感謝する」です。

I owe you a lot.

▶ [アイ**オ**ウユーア**ラ**ッ(トゥ)]

owe［**オ**ウ］は「負う」で、発音も日本語と似ていますね。「私はあなたにたくさんのことを負っています」→「いろいろとありがとうございます」となります。

I can't thank you enough.

▶ [アイ**キャ**ーン(トゥ)サンキューイ**ナ**フ]

「言葉で十分に感謝の気持ちは言えない」、つまり「言葉では表せないくらい感謝している」ということです。can't は強く長く発音することで can と区別します。

UNIT 79 ほめる・励ます

相手をほめたり、励ましたりするフレーズです。5語だとかなり具体的なことが言えるようになります。

1 お似合いですよ。
ヒント It looks ____ ____ you.
「似合う」は nice を使ってみましょう。

2 学校がんばってね。
ヒント Good ____ ____ your school.
「がんばって」は「幸運がありますように」と考えます。

3 心配することはありませんよ。
ヒント There's ____ to ____ about.
nothing（何もない）を使います。

4 ダメもとでやってみたら？
ヒント You ____ ____ to lose.
「失う（lose）ものは何もない」と考えます。

5 よくあることだよ。
ヒント Just ____ of ____ things.
「それらのこと」に当たる英語を使います。

超カンタン**5**語フレーズ

超ミニフレーズの**カギ**

look という動詞を使って、You look great.（お元気そうですね）とか Looking good!（その調子だ!）のように、ほめたり励ましたりすることができます。OK を使う You look OK. や You are OK. は「君はまあまあだ」という意味になるので注意しましょう。

It looks nice on you.

▶ [イッルクス**ナ**イスオンニュー]

服はその人の身体の上にあるわけですから on を使います。「それはあなたの上でよく見えますよ」と発想します。

Good luck with your school.

▶ [グッ**ラ**ックウィドゥヨース**ク**ーォ]

「あなたの学校と共に幸運がありますように」と発想します。「テスト、がんばってね」は Good luck on your exam. と言います。

There's nothing to worry about.

▶ [デアズ**ナ**ッスィントゥ**ウォ**ーリーアバウッ（トゥ）]

There's は There is の短縮形です。worry about ～は「～について心配する」という意味です。to 不定詞を使い「心配するべきことは何もない」と言います。

You have nothing to lose.

▶ [ユーハヴ**ナ**ッスィントゥ**ル**ーズ]

nothing to lose は「失うべきものは何もない」、つまり「ダメでもいいからやってみなさい」となります。

Just one of those things.

▶ [ジャス**ワ**ンノヴ**ド**ゥズ**ス**ィングズ]

「たいしたことではないから気にせずに」と相手を励ますひと言です。「それらのこと（悪い出来事）の単なる1つ」と考えましょう。

UNIT 80 気づかう

相手を気づかうための5語フレーズです。簡単な単語を上手に使いこなすことがポイントになります。

1 お気持ちお察しします。

ヒント I _____ _____ you feel.
「察する」は know（知っている）を使ってみましょう。

2 そんなに深刻に考えないで。

ヒント Don't _____ it so _____.
「考える」は「受け止める」という意味の take を使いましょう。

3 どうしたの？

ヒント What's the _____ _____ you?
「問題」という意味の matter を使います。

4 あなたはそれでいいですか。

ヒント Is that _____ _____ you?
「いい」は OK（okay）を使いましょう。

5 座ってゆっくりしていてください。

ヒント Just _____ back and _____.
「ゆっくりする」は「リラックスする」と言えばOKです。

超カンタン5語フレーズ

超ミニフレーズのカギ

気づかいの表現は know、feel、take、sit など、中学校で習う単語を使ったお決まり表現を覚えましょう。I know what you mean.（おっしゃっていること、よくわかります）や Don't take it so hard.（気を落とさないで）という表現もあります。

I know how you feel.

[アイノウハウユーフィーォ]

相手がふさぎ込んでいるときにかけてあげる気づかいのひと言です。「あなたがどう感じているか私にはわかります」と発想します。

Don't take it so seriously.

[ドウンテイキッソウスィアリアスリー]

何かをとても気にしている様子の人に、こう言ってあげましょう。「それをそんなに真剣に受け止めないで」と考えます。

What's the matter with you?

[ワッツダマターウィドゥユー ↘]

落ち込んでいる人への気づかいの表現です。「あなたの問題は何ですか」と聞きます。いつもの調子が出ていない人に対してその理由を聞く表現でもあります。

Is that OK with you?

[イズダッオウケイウィドゥユー ↗]

「私は今日は和食が食べたいのですが、あなたはそれでいいですか」と言うときに便利です。「〜に関して」という意味の with を使います。

Just sit back and relax.

[ジャススィッバックアンリラックス]

家にお客さんが来たときに「くつろいでください」という意味で使う気づかいのひと言です。sit back は「（椅子などに）ゆったり座る」という意味です。

UNIT 81 質問する

話し相手にするさまざまな質問です。5語フレーズでは、具体的なことが質問できます。

1 簡単な質問があるのですが。

ヒント: I ____ a ____ question.
「すばやい」という意味の形容詞を使います。

2 お名前をおうかがいしてもよろしいですか。

ヒント: May ____ ____ your name?
「持つ」という意味の動詞を使います。

3 どうつづるのですか。

ヒント: How ____ ____ ____ that?
「つづる」は spell です。

4 テストはどうだった？

ヒント: How ____ the test ____?
「行く」という意味の動詞を使います。

5 企画の進み具合はどうですか。

ヒント: How's the ____ ____ ____?
「企画」は project、動詞は come を使いましょう。

> 超カンタン5語フレーズ

超ミニフレーズのカギ

「〜してもいいですか」は May I 〜? や Can I 〜? を使います。「それを使ってもいいですか」は May I use it? となります。「どう〜?」という疑問文は how を使います。「(交通手段について) どうやって仕事に行きますか」は How do you go to work? です。

CD 77

I have a quick question.

[アイハヴァ ク**ウィック ウェ**スチュン]
時間がかからないちょっとした質問があることを、相手に伝える表現です。quick の発音は [クイック] ではなく [ク**ウィ**ック] と w の音が入ります。

May I have your name?

[メイアイ**ハ**ヴョー**ネ**イム ↗]
「〜をいただけませんか」は May I have 〜? で表します。What's your name? よりも丁寧な言い方です。

How do you spell that?

[**ハ**ウドゥユス**ペ**ォダッ(トゥ) ↘]
日本語訳には出てこない目的語の that を忘れないようにしましょう。自分の名前のつづりは、聞かれたときにすぐに言えるように練習しておきましょう。

How did the test go?

[**ハ**ウディッダ**テ**ス(トゥ)ゴウ ↘]
go は「出発点に視点を置き、そこから進んでいく」というイメージで捉えましょう。「テストはどう進行したか」と考えます。How was the test? でもOKです。

How's the project coming along?

[**ハ**ウズダプ**ラ**ジェク(トゥ)カミンガローン ↘]
come は「到着点に視点を置き、そこに近づく」というイメージで捉えます。「企画は完成という到達点にどう近づいているか」と聞きます。

UNIT 82 問いただす

相手の考えを問いただすフレーズです。非難のニュアンスを含むものもあります。すべて What で始めます。

1. どうするつもりですか。

What _____ _____ _____ do?
未来を表す be going to を be gonna で表します。

2. 何をたくらんでるの？

What _____ _____ _____ to?
up を to と組み合わせます。

3. 何を言ってるんだよ。

What _____ _____ _____ about?
「言う」には talk を使いましょう。

4. 何をぐずぐずしているの？

What _____ _____ _____ for?
「待つ」という意味の動詞を使います。

5. 今日は何のご用ですか。

What _____ you _____ today?
bring（連れてくる）を過去形にしましょう。

超カンタン5語フレーズ

超ミニフレーズのカギ

What brought you here today? のように、what を主語にして表現する英語的発想に慣れましょう。「なぜそう思うの?」は「何があなたをそう思わせるの?」と発想し、What makes you think so? と言います。

What are you gonna do?

▶ [ワラユガナ**ドゥ**ー↘]
相手の行動の予定についてたずねる表現です。「何をするつもり?」と聞きます。gonna は going to の口語発音ですが、英会話では頻繁に使います。

What are you up to?

▶ [ワラユ**アップ**トゥー↘]
up to ~は「~をたくらんでいる」という意味です。It's up to you. (それは君次第だ) のように up to ~には「~次第だ」という意味もあります。

What are you talking about?

▶ [ワラユ**トー**キンガバウッ(トゥ)↘]
相手が伝えようとしている内容がよく理解できないときのひと言です。「~について話す」は talk about ~です。about を付け忘れないようにしましょう。

What are you waiting for?

▶ [ワラユ**ウェ**イリン(グ)フォー↘]
「何を待っているの?」ということは「なぜそこで立ち止まっているの?」というイメージ、つまり「早く行動しなさい」と発想します。

What brought you here today?

▶ [ワップ**ロー**チューヒアトゥデイ↘]
「何があなたをここに連れて来たのか」、つまり「何しにここに来たの?」となります。英語では副詞は「場所→時」の順番なので here today となります。

UNIT 83 提案する

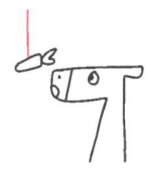

話し相手に提案したり、ちょっとした忠告をしたりするひと言です。英語らしい表現ばかりなので、しっかり練習して覚えましょう。

1. 成り行きにまかせよう。

ヒント Let's _____ it _____ ear.
「遊ぶ」という意味の動詞を使います。

2. その面倒なことを片づけちゃおうよ。

ヒント Let's _____ _____ _____ with.
「片づける」には get 〜 over が便利です。

3. それを避けて通るべきではないよ。

ヒント You _____ _____ _____ by.
pass 〜 by（〜を無視する・放っておく）を使ってみましょう。

4. もうちょっといてよ。

ヒント Stick _____ _____ little _____.
「その辺りにいる」は stick around と言います。

5. 私の言葉を信じてよ。

ヒント Take _____ _____ _____ it.
「言葉」は word を使います。

超ミニフレーズの**カギ**

提案するときには Let's ~. が便利ですが、should や命令文も使うことができます。should は「~してはどうでしょうか」という助言の響きのある助動詞です。ちなみに had better には忠告するような強い意味があるので目上の人にはあまり使いません。

CD 79

Let's play it by ear.

[**レッツ**プレイイッバイ**イァ**]

play it by ear は「即席でやる」という意味です。「それを耳で聞いて演奏する」、つまり「即興で演奏する」「ぶっつけ本番でやる」と発想します。

Let's get it over with.

[**レッツゲ**リ**ロ**ウヴァウィ**ドゥ**]

get ~ over with は「(面倒なことなどを)終わらせる、済ませてしまう」という意味です。今抱えている面倒なことを it で表しています。

You shouldn't pass it by.

[ユー**シュ**(ドゥ)ン(トゥ)**パ**スィッ**バイ**]

「それを無視する (放っておく) べきではない」ということですから、「避けて通るべきではない」「その問題に立ち向かうべきだ」となります。

Stick around a little longer.

[ス**ティ**カ**ラ**ウンダリ**ロ**ォ**ロ**ンガー]

「もうちょっと」は「もうちょっと長く」の意味で、long の比較級 longer を使います。stick around は「その辺にいる」「一緒にいる」という意味です。

Take my word for it.

[**テ**イクマイ**ワ**ードゥフォーイッ(トゥ)]

相手にアドバイスをした後、「私の言ったとおりにしたほうがいいよ」と付け加えるひと言です。「私の言葉 (my work) を受け止めて (take)」と発想します。

UNIT 84 誘う・勧める

相手を誘ったり、相手に何かを勧めたりするフレーズです。よく使う定番フレーズなので、しっかり覚えて使いこなしましょう。

1. ご一緒にいかがですか。

ヒント Why ____ ____ ____ us?
「加わる」という意味の join を使いましょう。

2. コーヒーはいかがですか。

ヒント Would ____ ____ ____ coffee?
人に何かを勧めるときは Would you like ～? が便利です。

3. 車でお送りしましょうか。

ヒント Would ____ ____ a ____?
これも「(車に) 乗ることを勧める」と考えましょう。

4. ちょっと時間ある？

ヒント Do ____ ____ a ____?
「秒」という意味の単語を使ってみましょう。

5. 今夜は外食しませんか。

ヒント How ____ ____ out ____?
「～はどうですか」という意味のHow about～?を使いましょう。

超カンタン5語フレーズ

超ミニフレーズのカギ

Why don't you ～(動詞)?、Would you like ～(名詞・動名詞)?、How about ～(名詞・動名詞)? など、文の出だしの表現をいくつか知っておくとさまざまに応用が利きます。Do you have time? と言って誘うこともできます。

Why don't you join us?

[**ワイ**ドウンチュー**ジョ**イナス ↘]

Why don't you ～?は「なぜ～しないの?」ですから「～したらどうですか」と発想します。「私たちに加わりませんか」、つまり「ご一緒にどうぞ」です。

Would you like some coffee?

[ウッヂューライクサム**カー**フィー ↗]

Would you like ～?(～はいかがですか)は Do you want ～?(～がほしいですか)の丁寧な表現とも言えます。some は「いくらかの」という意味です。

Would you like a ride?

[ウッヂューライカ**ラ**イドゥ ↗]

ride は「～に乗る」という意味の動詞ですが、「乗ること」という名詞でもあります。「(私の車に)乗ることはいかがですか」と発想します。

Do you have a second?

[ドゥユーハヴァ**セ**ケン(ドゥ) ↗]

「あなたは1秒持っていますか」ですから「ちょっとだけ時間ある?」と相手を誘ったりお願いをしたりするひと言です。second は minute でもOKです。

How about eating out tonight?

[**ハ**ウアバウッイーリン**ガ**ウットゥナイ(トゥ) ↘]

How about ～?も、相手に何かを勧める表現です。後ろに動詞が続く場合は動名詞(～ing)に変えましょう。「外食する」は eat out です。

UNIT 85 ポジティブな言葉

ポジティブに言ったり、返答したりするときによく使うフレーズです。簡単な単語をうまく使いこなしましょう。

1 全て上手くいくよ。

ヒント ____ gonna be ____ right.
Everything is の短縮形で始めます。

2 もちろん、いいんじゃないですか。

ヒント I don't ____ ____ not.
Why not? は「もちろん」でしたね（1語フレーズ参照）。

3 慣れてきました。

ヒント I'm ____ ____ ____ it.
「〜に慣れる」は get used to 〜を使います。

4 雨が降らなくてよかったです。

ヒント Good ____ ____ ____ rain.
「〜でよかったね」は Good thing で始めます。

5 私もそれに賛同します。

ヒント I'll ____ ____ ____ that.
「賛同する」は go along です。

超カンタン**5**語フレーズ

超ミニフレーズのカギ

Everything's gonna be all right. は、「全て上手くいくよ（心配ないよ）」と未来のことについて言いますが、現在全て順調であれば Everything's under control. とも言えます（UNIT 31 参照）。I don't see why not. は Why not? でもOKです（UNIT 17 参照）。

CD 81

Everything's gonna be all right.

▶))) [**エ**ヴリスィングズガナビオー**ラ**イッ(トゥ)]
be going to ～（～するだろう）は、会話ではよく gonna［ガナ］と発音されます。everything は単数扱いなので、be 動詞は is を使います。

I don't see why not.

▶))) [アイドゥン(トゥ)スィー**ワイナ**ッ(トゥ)]
「～していいですか」と聞かれたときのポジティブな返事です。「なぜだめか(why not) 私にはわからない(I don't see)」→「もちろんいい」となります。

I'm getting used to it.

▶))) [アイム**ゲ**リン**ユ**ーストゥーイッ(トゥ)]
難しいことにチャレンジしていたら、徐々に慣れてできるようになったと伝えるポジティブ表現です。used の s の発音は［ユーズドゥ］と濁らないように注意。

Good thing it didn't rain.

▶))) [**グッ**スィンギッ**ディ**ドゥンレイン]
「～でよかったね」は Good thing の後ろに主語と動詞を持ってくるだけでOKです。thi の発音は［スィ］と示していますが、上下の歯と舌を摩擦させます。

I'll go along with that.

▶))) [アイォ**ゴ**ウアロングウィッ**ダ**ッ(トゥ)]
相手の意見に賛成するひと言です。また、レストランで、どれを注文していいかわからず、接客係に説明してもらって「じゃあ、それを」と言うときにも使えます。

UNIT 86 ネガティブな言葉

今度は、ネガティブに言ったり、返答したりするときに使うフレーズです。こちらも簡単な単語でさまざまな言い回しができます。

1 それを聞いて残念です。

ヒント I'm ____ to ____ that.
sorry には「残念に思う」という意味があります。

2 それはしたくありません。

ヒント I don't ____ ____ it.
「感じる」という意味の動詞を使います。

3 そんな気分ではありません。

ヒント I'm not ____ the ____.
「気分」には mood を使います。

4 もうこれ以上我慢できない。

ヒント I ____ ____ ____ anymore.
動詞は take を使います。

5 あなたが来られなくて残念でした。

ヒント Too bad ____ ____ come.
「〜で残念です」は Too bad 〜で表現できます。

> 超カンタン**5**語フレーズ

超ミニフレーズの**カギ**

残念なことを聞いたときには、Really?（そうですか）だけではなく、I'm sorry to hear that. と言いましょう。〈Too bad 主語 + 動詞〉（〜で残念でした）は〈Good thing 主語 + 動詞〉（〜でよかったです）とセットで覚えておきましょう。

CD 82

I'm sorry to hear that.

[アイム**サー**リートゥ**ヒ**アダッ（トゥ）]
「それを聞いて残念です」は I'm sorry to hear that.、「それを聞いて嬉しいです」は I'm glad to hear that. と覚えましょう。th は上下の歯と舌の摩擦音です。

I don't feel like it.

[アイドウン**フィ**ーォライキッ（トゥ）]
feel like 〜は「〜したい気分だ」の意味です。feel like の後ろには名詞や動名詞を使います。「外食したいですか」は Do you feel like eating out? です。

I'm not in the mood.

[アイム**ナ**ーリンダ**ム**ードゥ]
これも気が進まないことを表すひと言です。「私はそんな気分（mood）の中にはいない」、つまり「そんな気分ではない」ということです。

I can't take it anymore.

[アイ**キャ**ーンッ**テ**イキッエニ**モ**ア]
take は「受けとめる」という意味があります。「私はもうこれ以上それを（自分の心に）受けとめることができない」、つまり「我慢できない」ということです。

Too bad you couldn't come.

[**トゥ**ー**バ**ージュー**ク**ドゥン**カ**ム]
I'm sorry you couldn't come. や、「あなたが来られたらよかったのに」という意味で I wish you could've come. も同じ状況で使えます。

UNIT 87 ネガティブに応答する

相手の話を否定したり、わからないと伝えたりするフレーズです。英語らしい言い回しを使いこなしましょう。

1 そのことはよくわかりません。
ヒント I'm not _____ _____ it.
「よく知っている」は family に似た単語を使います。

2 お話がよくわかりませんでした。
ヒント I didn't _____ _____ it.
「わかる」には get を使ってみましょう。

3 私の知る限り、そうではないです。
ヒント _____ _____ I _____ of.
文頭に否定語を持ってきます。

4 何が言いたいの？
ヒント What _____ you _____ at?
「手に入れる」という意味の動詞を使います。

5 それは変ですね。
ヒント It doesn't _____ _____ sense.
「作る」という意味の動詞と sense を組み合わせます。

超カンタン5語フレーズ

超ミニフレーズのカギ

get には「(人・言葉) を理解する」という意味があります。Don't you get it? と言えば、「(そんなことも) わからないの?」、I don't get it. と言えば、「わかりません」という意味です。

I'm not familiar with it.

[アイム**ナ**ッファ**ミ**リアウィディッ(トゥ)]
「〜についてよく知っている」は be familiar with 〜 を使って言ってみましょう。I don't know much about it. とも言えます。th は歯と舌の摩擦音です。

I didn't quite get it.

[アイディドゥンク**ワ**イッ**ゲ**リッ(トゥ)]
get は「頭の中にゲットする」、つまり「わかる」という意味です。「それ(あなたの話)を全く (quite) わかったわけではない」と考えます。

Not that I know of.

[**ナ**ッダライ**ノ**ウオヴ]
Not to my knowledge. (UNIT 64 参照) と同じように、「知っていますか」とたずねられたときに、「自分が知っている範囲ではノーだ」と答える表現です。

What are you getting at?

[ワラユ**ゲ**リンガッ(トゥ)↘]
相手の伝えようとしている内容がよくわからないときに使います。get at は「ほのめかす」「暗示する」です。What are you trying to say? とも言えます。

It doesn't make any sense.

[イッダズン(トゥ)**メ**イケニー**セ**ンス]
相手が言ったことに対して、「それはおかしいよ」「理解できないね」と言いたいときのひと言です。make sense で「意味がわかる」という意味です。

UNIT 88 意図を伝える①

会話の中で自分がどう感じているのかを短く伝えるフレーズです。強調したり、誤解を避けたりすることができます。

1 私の知る限りでは。

As _____ _____ I know.
「遠い」と同じ意味の単語を使います。

2 ここだけの話だけど。

Just _____ _____ and me.
「あなたと私の間だけ」と発想します。

3 私が言いたいのはそこなんです。

That's _____ _____ I mean.
関係代名詞の what (〜すること) を使います。

4 ちょっと思っただけだよ。

It _____ just a _____.
think の過去形は「考え」という名詞でもあります。

5 マジかよ！

You gotta _____ _____ me!
「冗談を言う」という意味の kid を変化させます。

超ミニフレーズのカギ

「ここだけの話だけど」は Between ourselves.（私たちの間だけ）と言うこともできます。「内緒だよ」という意味で It's a secret. や、「誰にも言っちゃだめだよ」という意味で Don't tell anyone. も同じように使えます。

CD 84

As far as I know.

▶ [アズ**ファ**ーアズアイ**ノ**ウ]

例えば、「私が知る限りでは、彼はいい人ですよ」のように、〈as far as 主語 + 動詞〉は「〜する限り」という意味で「範囲」を表します。

Just between you and me.

▶ [**ジャ**ス(トゥ)ビトゥウィーン**ユ**ーアン**ミ**ー]

between は「〜と〜の間」という意味ですから、「私とあなたの間だけ（の話）」、つまり「内緒」「大きな声では言えないのだけど」ということです。

That's exactly what I mean.

▶ [ダッツイグ**ザ**ク(トゥ)リーワライ**ミ**ーン]

what I mean は「私が意味すること」「私が言いたいこと」、exactly は「その通り」（UNIT 6 参照）とか「正確に」「ちょうど」という意味です。

It was just a thought.

▶ [イッ(トゥ)ワズ**ジャ**スタ**ソ**ー(トゥ)]

思いついたアイデアを述べた後で、軽く言い添えるひと言です。th は [ソ] と示していますが、上下の歯の間に舌を挟み摩擦させる発音です。

You gotta be kidding me!

▶ [ユガラビ**キ**リン**ミ**ー]

gotta は have got to（〜しなければならない、〜に違いない）の口語的な言い方です。「あなたは冗談を言っているに違いない」という発想です。

UNIT 89 意図を伝える②

意図を伝えるフレーズをもう少し練習しましょう。ひと言添えるだけで、会話の道筋がはっきりとします。

1 それは一理ありますね。
ヒント You ____ a ____ there.
「点」「要点」という名詞を使います。

2 ただそれだけのことです。
ヒント That's ____ ____ to it.
「全部」という意味の単語を使います。

3 間違いない。
ヒント There's ____ ____ about it.
「疑い」という意味の名詞を使ってみましょう。

4 よく考えさせて。
ヒント Let ____ think it ____.
「上に」という意味の単語を使います。

5 結局そういうことです。
ヒント That's ____ it's ____ about.
「～のこと」という意味の関係代名詞 what を使いましょう。

超カンタン**5**語フレーズ

超ミニフレーズの**カギ**

You have a point there. は相手への同意を伝える便利なひと言です。Good point.（そりゃそうだ）や Sounds like a great idea.（それはいい考えですね）なども、納得の気持ちを伝える決まり文句として使えます。

CD 85

You have a point there.

▶ [ユーハヴァ**ポイ**ンッ**デ**ア]
「あなたはそこに要点（point）を持っている」、つまり「今あなたは1つ重要なポイントを言いましたね」と考えます。

That's all there's to it.

▶ [ダッ**ツォー**デァズ**トゥー**イッ（トゥ）]
相手に何かを説明した後、「そんな複雑なことではないですよ」という意味を込めて言うひと言です。there's は there is の短縮形です。

There's no doubt about it.

▶ [デァズ**ノウダ**ウラ**バ**ウリッ（トゥ）]
あることに確信を持っていることを表すひと言です。doubt は「疑い」、no doubt は「疑いはない」、つまり「それについて疑う余地はない」と考えます。

Let me think it over.

▶ [レッミー**ス**ィンキ**ロウ**ヴァ]
over には「もう一度」という意味があるので think ～ over は「よく考える」「再吟味する」という意味になります。Let me sleep on it. とも言います。

That's what it's all about.

▶ [ダッツワリッ**ツォー**ラバウッ（トゥ）]
出来事の内容を詳しく説明した後に、「それがそのことについての全てです」「つまるところそういうことなんです」と相手に理解を求める表現です。

UNIT 90 ひと言補う①

ひと言補えば、会話がスムーズに進んだり、誤解を避けたりできます。そんなお役立ちフレーズの第一弾です。

1. もしご都合がよろしければ。
ヒント： ____ that's ____ ____ you.
「都合がいい」は convenient という形容詞を使います。

2. おっしゃる通りかもしれませんが…
ヒント： You may ____ ____, but …
「正しい」という意味の形容詞を使います。

3. 間違っていたらすみません。
ヒント： Forgive ____ ____ ____ wrong.
「(もし)間違っていたら」は接続詞の if が必要です。

4. もし機会があれば。
ヒント： If ____ ____ a ____.
「もしあなたが機会を持っていれば」と考えます。

5. ひとついいかい？
ヒント： Let ____ tell you ____.
「何か」という意味の単語を使います。

超ミニフレーズのカギ

ひと言補うことによって、表現が柔らかくなったり丁寧になったりします。言いづらいことの前に、I hate to say it, but 〜. を補えば、「言いたくはないのですが、〜」となります。「おたずねして失礼かもしれませんが」は Excuse me for asking, but 〜. です。

If that's convenient for you.

[イフダッツクンヴィーニアントゥフォーユー]
相手の都合を聞かずに何か提案をした後、「それであなたがよろしければ」と付け足します。for you は「あなたにとって」です。

You may be right, but …

[ユーメイビーライッ(トゥ)バッ(トゥ)]
一方的に反論せずに、ひと言添えて、but の後ろに I have a different opinion.（私は別の意見を持っています）など、言いづらいことを続けると丁寧です。

Forgive me if I'm wrong.

[ファギ(ヴ)ミーイファイムローン]
forgive は「許す」という意味です。「もし私が間違っていたら許してください」と言います。forgive と me はくっついて ve の音はほとんど聞こえません。

If you have a chance.

[イフユーハヴァチャンス]
相手に何かを依頼した後、「もし可能ならば」とか「あなたにそういう機会があればお願いできますか」という意味で丁寧に付け足すひと言です。

Let me tell you something.

[レッミーテォユーサムスィン]
let は「〜させてあげる」という意味です。「あなたに何か言わせてくれ」、つまり「ちょっと言ってもいいかな」「ひと言言っておくね」となります。

UNIT 91 ひと言補う②

ひと言補うフレーズの第2弾です。軽い言い回しですが、会話の流れをつくるのにとても大切です。

1. 話は変わりますが。

Not _____ change _____ _____.

ヒント：「話」は「話題」という意味の subject を使いましょう。

2. まあ、そんなものだよ。

That's _____ _____ it _____.

ヒント：「道」「方法」という意味の way を使います。

3. 正直に言うと。

To _____ _____ _____ you.

ヒント：「正直な」の honest は形容詞なので、直前に be 動詞が必要です。

4. 言っていることがわかる？

You _____ _____ I'm saying?

ヒント：「〜すること」という意味の関係代名詞 what を使います。

5. 私に関する限りでは。

As _____ _____ _____ concerned.

ヒント：「遠い」という意味の単語を使います。

超カンタン**5**語フレーズ

超ミニフレーズの**カギ**

　That's the way it is. は That's the way things are.（それが世の常だよ）とも言えます。相手に起こった災難に対して、It happens. とひと言補えば、「そういうこともあるよ」という慰めの表現になります。

CD 87

Chapter
1
2
3
4
5

Not to change the subject.

▶ [ナットゥーチェインヂダサブジェクトゥ]
　話の途中で突然話題を変えるときのひと言です。婉曲的に「話題を変えるつもりはないのだが」というニュアンスがあります。

That's the way it is.

▶ [ダッツダウェイィリーズ]
　悪い結果に対して、「まあ仕方ないよね」と付け足すひと言です。That's life.（人生そんなもんだよ）という表現もあります（UNIT 14 参照）。

To be honest with you.

▶ [トゥビアネストゥウィドゥユー]
　「あなたには正直に言いますが」と文頭や文末に補うひと言です。honest の h は発音しません。with の th は上下の歯と舌を摩擦させる発音です。

You know what I'm saying?

▶ [ユノウワライムセイン ↗]
　You の前に Do が省かれています。〈what + 主語 + 動詞〉は「…が〜すること」なので、what I'm saying は「私が言っていること」となります。

As far as I'm concerned.

▶ [アズファーアズアイムクンサーンドゥ]
　as far as 〜で「〜する限り」という範囲を表します。concerned は「関係している」という意味です。「私が知っている限り」は as far as I know です。

203

UNIT 92 天気を話す

天気の話題は会話のきっかけにもつなぎにもなります。いくつかの言い方を練習して覚えておきましょう。

1 雨が降りそうですね。

Looks ____ it's ____ rain.
「〜するだろう」という意味の going to を gonna で言ってみましょう。

2 今日は何となくかすんでいますね。

It's ____ of ____ today.
「何となく」には「親切な」と同じ意味の単語が含まれます。

3 風が強くなってきていますね。

The ____ ____ ____ up.
pick の形を変化させて使います。

4 明日はところにより曇りでしょう。

____ be ____ ____ tomorrow.
it と未来の助動詞の短縮形で始めましょう。

5 試合は雨で中止になりました。

The ____ ____ ____ out.
「雨で中止になる」は be rained out を使いましょう。

超ミニフレーズのカギ

　日本語と同様に、英語でも会話のきっかけをつかむために天気の話をよくします。「今年の冬はよく雪が降りましたね」は動詞 have を使って、We had a lot of snow this winter. と言います。「大型の台風が来ているよ」は A big typhoon is coming. です。

Looks like it's gonna rain.

[**ルッ**クスライクイッツゴナ**レ**イン]

look like は「〜のように見える」の意味です。be going to で未来を表現しますが、日常会話では going to は gonna [ゴナ][ガナ] と発音されます。

It's kind of hazy today.

[イッツカイナ**ヘ**イズィートゥ**デ**イ]

天気についての表現は、主語に it を使います。hazy は「かすんだ」「もやのかかった」という意味です。kind of（何となく）は軽く [カイナ] のように発音します。

The wind is picking up.

[ダ**ウ**ィンディズピッキン**ガ**ッ(プ)]

「(風が)強くなる」は pick up を使います。今だんだん強くなりつつあるので現在進行形〈be + 〜ing〉を使いましょう。

It'll be partly cloudy tomorrow.

[イロビ**パ**ーッ(トゥ)リーク**ラ**ウディトゥ**モ**ロウ]

「ところにより」は「部分的に」という意味で、part（部分）の副詞 partly を使います。It'll は It will の短縮形です。partly の t の音は脱落しがちです。

The game was rained out.

[ダ**ゲ**イムワズレイン**ダ**ウッ(トゥ)]

「中止された」ですから、動詞 rain を過去分詞にして受動態（〜される）で表現します。他に「中止される」は be cancelled や be called off でもOKです。

UNIT 93 食事をする①

レストランやファストフード店でよく使うフレーズを取り上げました。お店で使っているつもりで練習しましょう。

1. ご注文はよろしいでしょうか。

ヒント Are you ____ to ____?
「注文する」は日本語でも「オーダーする」と言います。

2. メニューを見せていただけませんか。

ヒント ____ I ____ the ____?
「〜してもよい」という意味の助動詞で始めます。

3. お水をもらえますか。

ヒント ____ I ____ some ____?
「〜できる」という意味の助動詞で始めてみましょう。

4. お塩を取ってもらえませんか。

ヒント ____ you ____ the ____?
未来の助動詞で始めます。

5. 店内でお召し上がりになりますか、それともお持ち帰りですか。

ヒント For ____, or ____ ____?
「持ち帰り」には「行く」という意味の動詞を使います。

超カンタン**5**語フレーズ

🔑 超ミニフレーズの**カギ**

「〜をお願いします」と注文する場合は、I'd like to have 〜. や Can I have 〜? を使うと便利です。皿を下げてもらいたくて「食べ終わりました」と言いたいときは I'm finished. でOK。「お勘定をお願いします」は Can I have the check, please? です。

CD 89

Are you ready to order?

[アーユー**レ**ディートゥ**オ**ーダー ↗]

ready は「準備ができている」という意味の形容詞です。「注文する準備ができていますか」と聞きます。

May I see the menu?

[メイアイ**ス**ィーダ**メ**ニュー ↗]

may は「〜してもよい」という意味です。May I see 〜? は「〜を見てもいいですか」、つまり「〜を見せてもらえませんか」となります。

Can I have some water?

[キャナイ**ハ**ヴサム**ウ**ォーター ↗]

Can I 〜? も May I 〜? と同じように、「〜してもらえませんか」という意味です。「いくらか」という意味の some を使いましょう。

Will you pass the salt?

[ウィリュー**パ**スダ**ソ**ォ(トゥ)↗]

ボールをパスするように、「(テーブルの上の物を) 取る、回す」も pass を使います。人に頼むときは Will you 〜? を使います。

For here, or to go?

[フォ**ヒ**ァ ↗ オァトゥ**ゴ**ウ ↘]

for here は「ここ用ですか」、つまり「店内で食べますか」ということです。「持ち帰り」は「持って外に行く」わけですから go を使います。

207

UNIT 94 食事をする②

食事をめぐるフレーズをもう少し練習しましょう。この UNIT では、応用的なものも含めてさまざまな言い方が出てきます。

1. 夕食をおごるよ。
ヒント I'll _____ you _____ dinner.
「おごる」は treat を使います。

2. まだ食べています。
ヒント I'm _____ _____ on it.
「働く」という意味の動詞を現在進行形で使います。

3. 急いで何か食べてきます。
ヒント I'll _____ _____ real quick.
「ぎゅっとつかむ」「捕らえる」という意味の動詞を使ってみましょう。

4. 私は食べ物にはうるさくありません。
ヒント I'm _____ a _____ eater.
「選ぶ」という意味の pick の形容詞を使います。

5. ごちそうさまでした。
ヒント It _____ a _____ dinner.
「すばらしい」という意味の形容詞を使います。

超ミニフレーズのカギ

treat は「おごる」という意味の動詞ですが、目的語には食べ物や飲み物ではなくおごってあげる相手がきます。「夕食をおごる」は I treat dinner. ではなく、I treat you でおごるものは to の後に続けます。

I'll treat you to dinner.

[アイォトゥ**リ**ーチュートゥ**ディ**ナー]

treat は「ごちそう」という名詞ですが、「おごる」という動詞でもあります。〈treat 人 to 食事〉の形で使います。

I'm still working on it.

[アイムスティォ**ワ**ーキンゴニッ(トゥ)]

レストランで、ウエイターから「お皿をお下げしましょうか」と言われたとき、「まだ食べ終わっていません」という意味で返すひと言です。

I'll grab something real quick.

[アイォグ**ラ**ブサムスィン**リ**ォク**ウィ**ック]

grab(ぎゅっとつかむ)は「すばやく食べる」という意味もあります。real quick(とても早く)でさらにスピードを強調します。

I'm not a picky eater.

[アイムナラ**ピ**キー**イ**ーラー]

picky は pick(選ぶ)という動詞の形容詞で「えり好みをする」という意味です。食べ物をえり好みする、好き嫌いの多い人を picky eater と言います。

It was a wonderful dinner.

[イットゥワザ**ワ**ンダフォー**ディ**ナー]

英語には日本語で言う「ごちそうさま」という特別な言い方はありません。例えば、夕食を作ってくれた人には「すばらしい夕食でした」と言ってあげましょう。

UNIT 95 仕事をする

仕事でよく使う5語フレーズにトライしてみましょう。4と5は英語らしい言い回しです。しっかり練習しましょう。

1 銀行で働いています。
ヒント I ____ ____ a bank.
「銀行のために働く」と考えましょう。

2 これは誰の担当ですか。
ヒント Who's ____ ____ ____ this?
「担当」「係」は charge を使いましょう。

3 明日、休暇を取ってもいいですか。
ヒント Can I ____ ____ tomorrow?
「休暇」は leave を使ってみましょう。

4 全て解決しました。
ヒント I got everything ____ ____.
「片づける」「仕上げる」という意味の clear を使います。

5 どなたが決定権をお持ちですか。
ヒント Who ____ the last ____?
「言う」という意味の単語を名詞で使います。

超ミニフレーズのカギ

「担当して（in charge）」「休暇（leave）」「決定権（the last say）」などは、仕事でよく使う言葉です。「責任者」のことは a person in charge、「本題」のことは nitty-gritty と言います。「本題に入りましょう」は Let's get down to the nitty-gritty. です。

I work for a bank.

[アイ**ワ**ークフォァ**バ**ンク]

work は「働く」「勤めている」という意味で、「〜に勤めている」は work for 〜です。「どちらへお勤めですか」は Where do you work? となります。

Who's in charge of this?

[**フ**ーズィン**チャ**ーヂオヴディス ↘]

英語では「誰がこれを担当しているのか」と聞きます。「〜の担当です」は in charge of 〜が便利です。Who's は Who is（誰が〜）の短縮形です。

Can I take leave tomorrow?

[キャナイ**テ**イク**リ**ーヴトゥ**モ**ーロウ ↗]

「休暇を取る」は take leave と言います。「〜してもいいですか」と許可を求める場合は、Can I 〜？とか May I 〜？で文を始めます。

I got everything cleared up.

[アイガッ**エ**ヴリスィンクリアードゥ**ア**ッ（プ）]

〈get + 目的語 + 過去分詞〉の形で「…を〜される」という意味になります。「全て片づけられた」、つまり「全て解決した」です。

Who has the last say?

[**フ**ーハズダ**ラ**ス（トゥ）**セ**イ ↘]

say は「言う」という意味の動詞ですが、「発言権」とか「言い分」という名詞でもあります。「誰が最後の発言権を持っていますか」とします。

UNIT 96 人について話す

人との関係や人の言動にコメントをするひと言です。言葉づかいがきわめて英語的です。発想にも注意して練習しましょう。

1 私には関係のないことだから。

ヒント That's _____ of my _____.
「仕事」「商売」という意味の名詞を使います。

2 その話には巻き込まないでくれよ。

ヒント _____ me _____ of it.
「残す」「置いていく」という意味の動詞で始めましょう。

3 時々彼女にはまいってしまうよ。

ヒント She _____ me _____ sometimes.
「運転する」という意味の動詞を使います。

4 彼にはイライラする。

ヒント He _____ on my _____.
「神経」という意味の nerve を使います。

5 人のことは言えないよ。

ヒント You _____ one to _____.
to の後ろに「しゃべる」「話す」という意味の動詞を使います。

超ミニフレーズのカギ

That's none of your business. と言うと、「君には関係ないことだ」、つまり「余計なお世話だ」となります。drive（〜を追いやる）を使い、It drives me up the wall. と言うと、「私を壁に追いやる」→「私を追い詰める」「私をイライラさせる」という意味です。

That's none of my business.

[ダッツ**ナ**ンノヴマイ**ビ**ズネス]

「それは人のことだから、自分が口を出すことではない」という意味で使います。business は「干渉するべきこと」、none は「少しも〜ない」という意味です。

Leave me out of it.

[**リ**ー（ヴ）ミー**ア**ウロヴィッ（トゥ）]

leave には「出発する」以外に「残す」「置いていく」という意味があります。「私をそのことから外に置いておいてくれ」と発想します。

She drives me crazy sometimes.

[シードゥ**ラ**イヴズミーク**レ**イズィーサムタイムズ]

drive は「運転する」だけではなく、「〜を追いやる」とか「…を〜の状態にする」という意味があります。「彼女は私を気が狂った状態にする」と考えます。

He gets on my nerves.

[ヒー**ゲ**ッツォンマイ**ナ**ーヴズ]

「彼は私の神経（my nerves）の上に乗る（gets on）」ということですから、「神経にさわってピリピリさせる」、つまり「イライラする」となります。

You are one to talk.

[ユーアー**ワ**ントゥー**ト**ーク]

自分も同じようなことをしているのに、他人を非難する人に対して言います。You should talk. という言い方もあります（UNIT 46 参照）。

UNIT 97 電話をかける①

電話でよく使う5語フレーズを練習しましょう。オフィスでも家庭でも使える表現です。

1. ボブさんはいらっしゃいますか。

ヒント May I _____ _____ Bob?
「ボブさんと話をしてもいいですか」と聞きます。

2. 彼は今いません。

ヒント He's not _____ right _____.
「ここにはいない」と言えばOKです。

3. ご伝言をお預かりいたしましょうか。

ヒント Can _____ _____ a _____?
「～を受け取る」という意味の take を使いましょう。

4. 伝言をお願いしてもよろしいですか。

ヒント Can _____ _____ a _____?
上の3の take の代わりに「残す」という動詞を使います。

5. 電話をかけ直してもらえませんか。

ヒント Could _____ call _____ _____?
「返して」という意味の back を文末に使います。

超ミニフレーズのカギ

電話では、伝言を残したり受けたりすることがよくあります。Can I leave a message? には、Sure.（もちろんです）、Can I take a message? には、Please tell her that I called.（私が電話したと彼女に伝えてください）などと答えてみましょう。

May I speak to Bob?

▶ [メイアイスピークトゥー**ボブ** ↗]

May I speak to 〜? は電話をするときの決まり文句です。Is Bob there? とも言えます。本人が電話に出たら、This is Bob speaking. と言います。

He's not here right now.

▶ [ヒーズ**ナッヒ**アライッナウ]

「彼はちょうど今（right now）ここには（here）いません」と言います。「彼は今日は出勤していません」は He's not in today. です。

Can I take a message?

▶ [キャナイ**テイ**カ**メ**ッスィヂ ↗]

「伝言（message）を受け取る（take）」と考えます。message は[**メ**ッスィヂ]のように発音します。Can I と take a はつないで発音しましょう。

Can I leave a message?

▶ [キャナイ**リー**ヴァ**メ**ッスィヂ ↗]

leave は「残す」「置いていく」という意味で、「伝言（メッセージ）を残してもいいですか」と考えます。

Could you call me back?

▶ [クッジュー**コー**ォミー**バ**ック ↗]

「〜に電話をかけ直す」は call 〜 back です。Could you 〜? は Can you 〜? よりも丁寧な依頼です。back の ba は「バ」と「ベ」の中間音で発音します。

UNIT 98 電話をかける②

電話のフレーズをもう少し練習しましょう。よく使うものばかりなので、しっかり練習して覚えてしまいましょう。

1. どちら様ですか。
ヒント May ____ ____ who's ____?
名前を「たずねる」わけですから ask を使います。

2. 間違い電話ですよ。
ヒント You ____ the ____ number.
「間違っている」は wrong を使います。

3. そのまま切らずにお待ちください。
ヒント Please ____ ____ the line.
「とどまる」「滞在する」という意味の動詞を使います。

4. 接続が悪いようです。
ヒント We ____ a bad ____.
「接続」は connection です。

5. いつでも電話してね。
ヒント Give ____ ____ ____ anytime.
「電話 (call) をください」と言います。

超カンタン**5**語フレーズ

超ミニフレーズの**カギ**

電話で使う短い表現には、Just a minute.（少々お待ちください）、The line is busy.（話し中です）、I can barely hear you.（声が遠いのですが）などがあります。電話に出られないときには、Can you answer the phone?（電話に出てくれますか）と言います。

CD 94

May I ask who's calling?

▶ [メイアイアスク**フーズ**コーリン ↗]
電話で相手の名前をたずねる丁寧な表現です。who'sはwho isの短縮形です。「誰が電話をかけているかをたずねていいですか」と言います。

You have the wrong number.

▶ [ユーハヴダ**ロン**(グ)**ナン**バー]
「あなたは間違った（電話）番号を持っている」と発想します。wrongのwは発音せずrから発音します。文頭にI'm sorry but ...を付けると丁寧になります。

Please stay on the line.

▶ [プリーズ**ステイ**オンダ**ライ**ン]
「電話線（line）の上にとどまっていてください」、つまり「電話を切らないでください」ということです。2語でHold on.とも言えます。

We have a bad connection.

▶ [ウィハヴァ**バー**ッドゥク**ネク**シュン]
電話で相手の声がよく聞き取れないときのひと言です。Could you speak louder?（もう少し大きい声で話してもらえませんか）と付け足してもOKです。

Give me a call anytime.

▶ [**ギミ**ア**コー**ォ**エニ**タイム]
Give me a hand.（UNIT 69参照）やGive me a break.（UNIT 53参照）など、Give me a ～.という表現は多彩です。anytimeは「いつでも」です。

217

UNIT 99 時間を話す ①

時間を話題にする会話でよく使うフレーズです。time を使うフレーズが3つあります。

1. どのくらいかかりますか。

ヒント How _____ _____ _____ take?
未来形の助動詞を使い、主語は it にします。

2. 私たちにはたっぷり時間があります。

ヒント We _____ _____ _____ time.
「たっぷり」は plenty を使ってみましょう。

3. 残りあと5分です。

ヒント Five _____ minutes _____ _____.
文末は go を使った「(ファストフードの) 持ち帰り」と同じです。

4. もう時間があまりありません。

ヒント We're _____ _____ _____ time.
「なくなる」という意味の run out を使ってみましょう。

5. 早めに準備しておきなさい。

ヒント Get _____ _____ of time.
「先に」「前に」という意味の ahead を使います。

超ミニフレーズのカギ

「時間がかかる」はIt takes 〜. を使います。「10分かかります」はIt takes ten minutes. です。It takes forever. は「永遠に時間がかかる」→「非常に長い時間がかかる」です。「時間があまりありません」はThere's not much time left. とも言えます。

How long will it take?

[ハウロン(グ)ウィリッテイク ↘]

It's two o'clock now. (今2時です) のように、時間を表すときは、主語はitを使いましょう。「(時間が) かかる」はtakeを使います。

We have plenty of time.

[ウィハヴァプレンティアヴタイム]

plenty of 〜で「たくさんの〜」「十分な〜」という意味になります。他にもplenty of books(たくさんの本)など、通常、肯定文で使います。

Five more minutes to go.

[ファイヴモーァミニッツトゥゴウ]

「もう1つ」「あと1つ」をone moreと言うように、「あと〜」にはmoreを使います。to goは時間や距離などに関して「残っている」という意味です。

We're running out of time.

[ウィアラニンガウロヴタイム]

run out of 〜は「〜がなくなる」という意味です。現在進行形にして「時間がなくなりつつある」と表現します。Time is running out. とも言えます。

Get prepared ahead of time.

[ゲップリペアーダヘダヴタイム]

ahead of time は「決められた時間よりも前に」、つまり「早めに」「前もって」という意味です。get preparedは「準備された状態にしておく」ということです。

UNIT 100 時間を話す②

時間のフレーズの応用編です。「時間の無駄」「朝一で」など、英語で何と言うか想像しながら練習しましょう。

1. 今何時ですか。
- **ヒント** Do _____ _____ _____ time?
- 「(現在の)時間を持っていますか」と表現します。

2. 時々ね。
- **ヒント** Every _____ _____ a while.
- 「一度」という意味の単語を使います。

3. それは時間の無駄です。
- **ヒント** It's a _____ _____ time.
- 「無駄」は waste を使います。

4. お待たせしましたか。
- **ヒント** Did I _____ _____ waiting?
- 「〜の状態にしておく」という意味の keep を使います。

5. 朝一で。
- **ヒント** First _____ _____ _____ morning.
- 「朝の一番目のこと」と考えます。

超カンタン**5**語フレーズ

超ミニフレーズの**カギ**

「明日の朝一でやります」は I'll do it first thing in the morning. と言います。「明日までに終わらせて」は Finish this by tomorrow.、「明日まで待って」は Wait until tomorrow. です。by（～までに〈期限〉）と until（～まで〈継続〉）の使い分けに注意しましょう。

Do you have the time?

▶ [ドゥユハヴダ**タ**イム ↗]
What time is it now? と同じように使えます。the を取って Do you have time? と言うと、「時間がありますか」「暇ですか」という意味になるので注意。

Every once in a while.

▶ [**エ**ヴリ**ワ**ンスィナ(ホ)**ワ**イォ]
sometimes と同じように使えます。a while は「しばらくの間」という意味です。「しばらくの間に一度」というわけですから、「時々」となります。

It's a waste of time.

▶ [イッツァ**ウェ**イスタヴ**タ**イム]
You're wasting your time.（あなたは自分の時間を浪費している）とも言えます。「お金の無駄です」は It's a waste of money. です。

Did I keep you waiting?

▶ [ディドゥアイ**キ**ーピュー**ウェ**イリン ↗]
keep は「そのままの状態を持続させる」というイメージで捉えましょう。「私は（ある一定の時間）あなたを待っている状態にさせましたか」と聞きます。

First thing in the morning.

▶ [**ファ**ースッスィンギンダ**モ**ーニン]
仕事を頼まれて、「今日は他でいっぱいなので明日の朝一番にやります」と言うときにぴったりです。thing の th は上下の歯と舌の摩擦音です。

超ミニフレーズさくいん

本書で紹介した超ミニフレーズ500をアルファベット順に並べた「さくいん」です。覚えたかどうか確認するのに、また必要なフレーズを検索するのにご利用ください。

A

A piece of cake. ... 153
Absolutely. ... 21
After you. ... 43
All set! ... 49
Allow me to introduce myself. ... 171
Anyhow. ... 19
Anything else? ... 61
Anytime. ... 21
Are you OK? ... 75
Are you ready to order? ... 207
Are you there? ... 99
As far as I know. ... 197
As far as I'm concerned. ... 203
As soon as possible. ... 153
Awesome! ... 15

B

Be careful. ... 47
Believe it or not. ... 149
Big deal. ... 53
Boy! ... 27
Bye now. ... 37

C

Can I have some water? ... 207
Can I join you? ... 135
Can I leave a message? ... 215
Can I take a message? ... 215
Can I take leave tomorrow? ... 211
Can you make it? ... 131
Can't be! ... 53
Certainly. ... 25
Check it out. ... 99
Come on! ... 45
Congratulations! ... 17
Cool! ... 15
Could you call me back? ... 215
Cut it out. ... 101

D

Definitely. ... 25
Definitely not. ... 57
Did I keep you waiting? ... 221
Did you have fun? ... 123
Did you have lunch? ... 143
Disgusting! ... 23

Do you have a second? ... 189
Do you have the time? ... 221
Do you have time? ... 131
Do you want to? ... 131
Don't. ... 31
Don't be upset. ... 103
Don't get me wrong. ... 159
Don't hesitate. ... 63
Don't jump to conclusions. ... 159
Don't make any excuses. ... 159
Don't panic. ... 47
Don't rub it in. ... 159
Don't take it so seriously. ... 181
Don't worry about it. ... 127

E
Easy. ... 31
Every once in a while. ... 221
Everything's gonna be all right. ... 191
Everything's under control. ... 79
Exactly. ... 25

F
Fabulous! ... 17
Fancy meeting you here. ... 123
Fantastic! ... 15
Finally! ... 27
First thing in the morning. ... 221
Five more minutes to go. ... 219
For here, or to go? ... 207
For now. ... 59
Forgive me if I'm wrong. ... 201

G
Get in. ... 63
Get out of here! ... 125
Get prepared ahead of time. ... 219
Give it a try. ... 141
Give me a break! ... 125
Give me a call anytime. ... 217
Give me a hand. ... 157
Go for it! ... 113
Go get it. ... 101
Good for you! ... 87
Good job! ... 41
Good luck with your school. ... 179
Good old days. ... 81
Good thing it didn't rain. ... 191
Good to see you again. ... 171
Gosh! ... 29
Got it. ... 55
Gotcha. ... 25
Great! ... 15
Gross! ... 23

H
Happy New Year! ... 69

Have a good day.	119
Have a nice weekend.	119
Have a seat.	71
Have we met?	69
He gets on my nerves.	213
He's a walking dictionary.	149
He's in good shape.	161
He's not here right now.	215
Help yourself.	45
Here comes the bus.	165
Here we are.	71
Hopefully.	19
How about a drink?	131
How about eating out tonight?	189
How about yourself?	67
How come?	61
How did the test go?	183
How do you know?	147
How do you spell that?	183
How does that sound?	131
How embarrassing!	51
How exciting!	49
How long will it take?	219
How nice!	55
How was your vacation?	117
How're you doing?	67
How's business?	37
How's everything with you?	117
How's it going?	69
How's the project coming along?	183

I

I admire you.	87
I appreciate it.	89
I bet.	39
I blew it.	109
I can't afford it.	155
I can't complain.	67
I can't help it.	155
I can't resist.	73
I can't stand it.	155
I can't take it anymore.	193
I can't thank you enough.	177
I can't wait.	73
I didn't expect that.	147
I didn't quite get it.	195
I don't blame you.	127
I don't care.	83
I don't feel like it.	193
I don't see why not.	191
I don't think so.	137
I doubt it.	83
I feel better.	91
I feel guilty.	85
I fell asleep.	91
I gained weight.	91
I get the picture.	149
I got a raise.	123

I got everything cleared up. ······ 211	I'd rather not. ······ 83
I got mixed up. ······ 147	I'll be right back. ······ 139
I have a fever. ······ 161	I'll be there. ······ 79
I have a hangover. ······ 161	I'll do my best. ······ 139
I have a quick question. ······ 183	I'll go along with that. ······ 191
I have a stomachache. ······ 161	I'll grab something real quick. ······ 209
I have no idea. ······ 147	I'll let you go. ······ 119
I hope so. ······ 81	I'll meet you halfway. ······ 141
I know how you feel. ······ 181	I'll miss you. ······ 89
I love it! ······ 89	I'll take it back. ······ 151
I made a mistake. ······ 139	I'll treat you to dinner. ······ 209
I mean it. ······ 73	I'll try. ······ 49
I misplaced it somewhere. ······ 139	I'll work something out. ······ 153
I need a restroom. ······ 135	I'm afraid so. ······ 85
I owe you a lot. ······ 177	I'm coming. ······ 53
I really appreciate your help. ······ 177	I'm counting on you. ······ 135
I should get going. ······ 119	I'm getting confused. ······ 85
I swear. ······ 49	I'm getting used to it. ······ 191
I think so. ······ 89	I'm glad to hear that. ······ 173
I was disappointed. ······ 83	I'm having so much fun. ······ 173
I was going to. ······ 139	I'm honored to be here. ······ 173
I was impressed! ······ 81	
I was shocked. ······ 85	I'm just hanging around. ······ 141
I wish I could. ······ 155	I'm just kidding. ······ 93
I wish you luck. ······ 163	I'm looking forward to it. ······ 173
I work for a bank. ······ 211	
I worked overtime. ······ 111	I'm lost. ······ 51
I'd love to. ······ 77	I'm low on money. ······ 167

I'm not a picky eater.	209
I'm not familiar with it.	195
I'm not in the mood.	193
I'm not sure.	85
I'm on my way.	151
I'm on your side.	165
I'm overwhelmed.	51
I'm proud of you.	121
I'm returning your call.	151
I'm scared.	51
I'm so excited.	77
I'm sorry.	43
I'm sorry to hear that.	193
I'm still working on it.	209
I'm stupid, aren't I?	167
I've changed my mind.	137
I've sobered up.	91
If I may ask.	135
If that's convenient for you.	201
If that's OK.	93
If time permits.	95
If you have a chance.	201
Impossible!	29
Incredible!	27
Interesting!	21
Is everything all right?	127
Is that all?	99
Is that OK with you?	181
Is that right?	99
Is this seat taken?	143
It depends.	59
It doesn't make any sense.	195
It looks nice on you.	179
It was a great help.	177
It was a wonderful dinner.	209
It was just a thought.	197
It'll be partly cloudy tomorrow.	205
It's a deal!	79
It's a long story.	167
It's a small world.	125
It's a waste of time.	221
It's been a long time.	171
It's difficult to describe.	155
It's due today.	111
It's getting cold.	71
It's kind of hazy today.	205
It's no use.	109
It's not that.	107
It's not worth it.	167
It's out of order.	167
It's up to you.	137

J

Just a little bit.	135
Just about.	59
Just be yourself.	81
Just between you and me.	197
Just checking.	61
Just in case.	93
Just like that.	93

Just my luck! ... 109
Just one of those things. ... 179
Just sit back and relax. ... 181

K

Keep it up. ... 113
Keep me informed. ... 111
Keep the change. ... 75
Keep your fingers crossed. ... 163
Kind of. ... 59

L

Leave it to me. ... 129
Leave me alone. ... 103
Leave me out of it. ... 213
Let it go. ... 79
Let me check. ... 111
Let me tell you something. ... 201
Let me think it over. ... 199
Let's get everything straight. ... 133
Let's get it over with. ... 187
Let's get together soon. ... 133
Let's keep in touch. ... 133
Let's not. ... 57
Let's pay separately. ... 105
Let's play it by ear. ... 187
Let's see 39
Let's split the bill. ... 133
Let's take a break. ... 133
Let's take a chance. ... 153
Likewise. ... 19
Listen up. ... 47
Long time no see. ... 117
Look. ... 31
Look out! ... 63
Looks like it's gonna rain. ... 205
Lousy. ... 23
Lovely! ... 17

M

Make yourself at home. ... 157
Marvelous! ... 17
May I? ... 61
May I ask who's calling? ... 217
May I have your name? ... 183
May I help you? ... 145
May I see the menu? ... 207
May I speak to Bob? ... 215
Maybe. ... 19
Maybe not. ... 57
Maybe you should. ... 105
Me, too. ... 53
Might as well. ... 95
Might be. ... 59
My dream has come true. ... 173
My legs are asleep. ... 161
My luck's run out. ... 163
My pleasure. ... 55

N

Neither do I.	107
Never mind.	43
Nice meeting you.	67
Nice talking with you.	119
Nice to meet you.	117
No buts about it.	159
No kidding!	53
No thanks.	57
No wonder.	39
Not much.	37
Not necessarily.	57
Not that I know of.	195
Not to change the subject.	203
Not to my knowledge.	147
Now.	31
Now you're talking.	79

O

Of course not.	107
Oh, brother.	51
Oh, well.	39
On second thought ...	93

P

Pardon?	33
Pick it up.	103
Please accept my condolences.	129
Please stay on the line.	217
Positive.	21
Pull yourself together.	113
Put it down.	103

Q

Quiet.	31

R

Really?	29
Right?	33
Right now.	45

S

Same as usual.	69
Save energy.	47
See?	33
See you tomorrow.	69
Seriously.	21
Shall we go?	105
Shame on you.	107
She didn't show up.	125
She drives me crazy sometimes.	213
She's expecting a baby.	123
She's gorgeous!	41
She's just stepped out.	141
She's on leave.	111
She's so moody.	83
Should have known.	95
Smells good!	41
So?	33
So far, so good.	165
Something like that.	95
Sounds great!	41
Sounds like fun.	77
Speak up!	63
Stay with me.	103

Stick around a little longer. ... 187
Stick to it! ... 113
Stop it! ... 63
Stop shaking your legs. ... 157
Superb! ... 15
Sure. ... 25
Surprise! ... 29

T

Take a close look. ... 157
Take a deep breath. ... 157
Take care. ... 43
Take care of yourself. ... 129
Take it easy. ... 75
Take my word for it. ... 187
Tell me about it. ... 151
Tell you what. ... 71
Terrible! ... 23
Terrific! ... 17
Thank you. ... 55
Thank you for the opportunity. ... 175
Thank you for waiting. ... 117
Thank you for your attention. ... 175
Thank you for your help. ... 175
Thank you for your time. ... 175
Thank you for your understanding. ... 175
Thanks a lot. ... 89

That'll do. ... 55
That's a good question. ... 149
That's a great idea! ... 121
That's all for today. ... 165
That's all there's to it. ... 199
That's an excellent point. ... 121
That's exactly what I mean. ... 197
That's fine with me. ... 151
That's life. ... 43
That's my favorite. ... 77
That's none of my business. ... 213
That's not possible. ... 107
That's not your fault. ... 127
That's the way it is. ... 203
That's too bad. ... 95
That's very kind of you. ... 177
That's what I thought. ... 137
That's what it's all about. ... 199
The game was rained out. ... 205
The more, the merrier. ... 123
The pleasure is all mine. ... 171
The sooner, the better. ... 165
The wind is picking up. ... 205
There you go again. ... 125
There's no doubt about it. ... 199

229

There's nothing to worry about.	179
Things will get better.	127
This is for you.	129
To be honest with you.	203
Today's not my day.	163
Too bad you couldn't come.	193
Turn around clockwise.	101

U

Ugly.	23
Unbelievable!	27
Understand?	33

V

Very happy to see you.	171

W

Wait and see.	81
Wake up.	45
Watch your language.	101
Watch your step.	75
We have a bad connection.	217
We have plenty of time.	219
We'd better not.	105
We're behind schedule.	109
We're running out of time.	219
Well …	19
Well done!	41
What a relief!	77
What a shame!	73

What are you getting at?	195
What are you gonna do?	185
What are you talking about?	185
What are you up to?	185
What are you waiting for?	185
What brought you here today?	185
What do you do?	143
What do you mean?	137
What do you recommend?	145
What do you think?	143
What if it rains?	145
What's bothering you?	75
What's going on?	67
What's happening?	37
What's new?	37
What's on your mind?	145
What's the difference?	97
What's the hurry?	97
What's the matter with you?	181
What's the occasion?	99
What's the point?	97
What's wrong?	61
Where are you from?	143
Who has the last say?	211
Who is it?	97
Who should I ask?	145

Who's in charge of this? ...211
Why don't you? ...105
Why don't you join us? ...189
Why not? ...49
Why should I? ...97
Why the long face? ...129
Will you pass the salt? ...207
Would you like a ride? ...189
Would you like some coffee? ...189
Wow! ...29

Y

You are one to talk. ...213
You asked for it. ...141
You bet! ...39
You can do it! ...153
You can't miss it. ...149
You deserve it. ...87
You gotta be kidding me! ...197
You have a point there. ...199
You have nothing to lose. ...179
You have the wrong number. ...217
You know what? ...71
You know what I'm saying? ...203
You look beat. ...91
You look splendid. ...87
You may be right, but 201
You name it. ...101
You scared me. ...73
You should talk. ...109
You shouldn't pass it by. ...187
You're a good cook. ...121
You're almost there. ...113
You're late! ...47
You're so fashionable. ...87
You've got it all! ...121
You've got it made. ...163
Your turn. ...45
Yummy! ...27

●著者紹介

山崎祐一　Yuichi Yamasaki

長崎県出身。カリフォルニア州立大学サンフランシスコ校大学院修士課程修了。現在、長崎県立大学教授。専門は英語教育学、異文化間コミュニケーション。国際家族に育ち、言葉と文化が不可分であることを痛感。アメリカの大学で講義を9年間担当。数々の通訳業務や映画の翻訳にも携わり、依頼講演は700回を超える。「朝ズバッ!」（TBS）などテレビ、新聞等でも解説やコメントが紹介される。TSE（Test of Spoken English）スピーキング・発音部門満点、TWE（Test of Written English）満点。著書に『絶対使えるカジュアルイングリッシュ』、『瞬時に出てくる 英会話フレーズ大特訓』、『瞬時にわかる 英語リスニング大特訓』、『すぐに使える英会話超ミニフレーズ300』（Jリサーチ出版）など。

カバーデザイン	滝デザイン事務所
本文デザイン／DTP	江口うり子（アレピエ）
イラスト	イクタケマコト
編集協力	Paper Dragon LLC
CD録音・編集	財団法人 英語教育協議会（ELEC）
CD制作	高速録音株式会社

英会話超ミニフレーズ大特訓

平成27年（2015年）2月10日　初版第1刷発行

著　者	山崎祐一
発行人	福田富与
発行所	有限会社　Jリサーチ出版
	〒166-0002 東京都杉並区高円寺北2-29-14-705
	電話 03(6808)8801(代)　FAX 03(5364)5310
	編集部 03(6808)8806
	http://www.jresearch.co.jp
印刷所	㈱シナノ パブリッシング プレス

ISBN978-4-86392-216-7　　禁無断転載。なお、乱丁・落丁はお取り替えいたします。
©Yuichi Yamasaki, 2015 All rights reserved.